図解入門ビジネス

Shuwasystem Business Guide Book

How-nual

最新 介護保険外サービスの基本がよくわかる本

事業の基本とポイントが押さえられる

齋藤 直路 著

秀和システム

●注意
(1) 本書は著者が独自に調査した結果を出版したものです。
(2) 本書は内容について万全を期して作成いたしましたが、万一、ご不審な点や誤り、記載漏れなどお気付きの点がありましたら、出版元まで書面にてご連絡ください。なお、2024年9月までの情報を基に作成しております。
(3) 本書の内容に関して運用した結果の影響については、上記(2)項にかかわらず責任を負いかねます。あらかじめご了承ください。
(4) 本書の全部または一部について、出版元から文書による承諾を得ずに複製することは禁じられています。
(5) 商標
本書に記載されている会社名、商品名などは一般に各社の商標または登録商標です。

はじめに

　介護保険制度の開始から 23 年が経過しました（2024 年現在）。介護保険は
その導入以来、高齢者福祉の重要な基盤となり、広く知れ渡り、多くの人々に
利用されています。この制度は、高齢者やその家族にとって欠かせない存在と
なり、サービスや制度の質も向上し、人材育成においても一定の成果を上げて
きました。

　しかし、時代の変化に伴い、高齢者のニーズは多様化し、介護保険だけでは
カバーしきれない領域が広がっています。特に、個々のライフスタイルや価値観
に合わせたケアの提供が求められる中で、介護保険の枠組みだけではサポート
が十分でない部分が出てきています。

　そのような中、「介護保険外サービス」は、こうしたニーズに応えるべく急速
に発展してきました。

　介護保険外サービスは、介護保険制度の限界を補完し、高齢者一人ひとりの
多様な要望に応える新たな選択肢を提供します。例えば、リハビリテーションや
家事支援、外出支援、さらには美容や理容サービスなど、生活の質を向上させ
る幅広いサービスが提供されています。これらのサービスは、高齢者の自立を
促進し、家族やケア提供者の負担を軽減する役割も担っています。

　本書では、ヘルスケア領域専門の経営コンサルタントであり、かつ、脳卒中
後遺症改善に特化した保険外の自費リハビリテーション施設「脳梗塞リハビリ
テーション・グループ」を運営する筆者の視点から、介護保険外サービスの基
本的な仕組み、事業拡大のメリットや課題、最新の市場動向、さらに実際にサー
ビスを導入する際のポイントなどを詳しく解説します。

　これからの介護業界において、介護保険外サービスの役割はますます重要に
なっていくでしょう。高齢者やその家族、介護事業者がより良い選択をし、持続
的な事業運営を行うための一助として、本書が多くの方に役立つことを願ってい
ます。

2024 年 10 月　齋藤　直路

図解入門ビジネス
介護保険外サービスの基本がよくわかる本

はじめに ……………………………………………………………………… 3

1章　介護保険外サービスの基本

01　介護保険外サービスとはどんなもの？ ……………………………… 8
02　介護保険外サービスはなぜ注目されている？ ……………………… 10
03　介護保険外サービスをどのように利用する？ ……………………… 13
04　介護業界の課題① 介護報酬だけでは厳しくなってきた ………… 16
05　介護業界の課題② 2025年以降も増え続ける利用ニーズ ……… 18
06　介護業界の課題③ 人手不足をどう解決するか ………………… 20
07　介護業界の課題④ 働き方改革をどう行うか ……………………… 24
08　介護保険外サービスに関する政府の取り組み …………………… 25
09　地域包括ケアシステムでケアのあり方を変える ………………… 27
10　介護保険外サービスによる事業拡大のメリット ………………… 30
11　介護保険外サービスの課題① 情報・ノウハウの不足 ………… 32
12　介護保険外サービスの課題② 地域・利用者への周知不足 …… 34
13　コロナ禍以降介護保険外サービスはどうなった？ ……………… 36
コラム　保険外サービスの提供の経営的な意義 …………………… 38

2章　介護保険外サービスの今

01　拡大する介護保険外サービスの市場 ……………………………… 42
02　利用が多いサービスの内訳は？ …………………………………… 46
03　介護保険外サービス最新動向 ……………………………………… 49
04　異業種からの参入はどのくらいある？ …………………………… 52
05　介護保険外サービスに利用者が求めているもの………………… 54
06　介護保険外サービスの事業者の実情 ……………………………… 58
コラム　脳卒中の後遺症治療の現状と今後について ……………… 61

コラム 脳梗塞・脊髄損傷に対する新たな選択肢：
『狙った神経回路を同時刺激する神経再生医療』 ………………… 66

3章　介護保険外サービスの種類

01　リハビリテーション・機能訓練 …………………………………… 70
02　認知症ケア ………………………………………………………… 72
03　家事支援① 食事 …………………………………………………… 74
04　家事支援② 買い物 ………………………………………………… 76
05　家事支援③ 住まい ………………………………………………… 79
06　旅行・外出支援 …………………………………………………… 81
07　趣味や楽しみ ……………………………………………………… 84
08　運動・介護予防 …………………………………………………… 86
09　理容・美容 ………………………………………………………… 88
10　見守り（みまもり） ………………………………………………… 90
11　看取り（みとり） …………………………………………………… 92
12　就労・人材関連 …………………………………………………… 93
13　コロナ以降の新サービス …………………………………………… 95
14　IoT を活用したサービス…………………………………………… 97
コラム 介護保険外訪問介護サービス
「Crowd Care(クラウドケア)」との事業連携事例 ………………… 100

4章　介護保険外サービスを始めるには

01　介護保険外サービスを考えるときの 2 つの視点……………………… 104
02　介護保険外サービスの 4 つのパターン ………………………………… 106
03　対象利用者をどう決めるか ……………………………………………… 108
04　進出分野をどう決めるか ………………………………………………… 110
05　価格設定をどうするか ………………………………………………… 114
06　設備投資はどうするか ………………………………………………… 117
07　人材募集をどうするか ………………………………………………… 119
08　従業員の教育をどうするか …………………………………………… 121
09　既存の人材リソースをどう活かすか…………………………………… 123

10	利用者への周知はどう行うか	125
11	利用者の満足度を上げるには？	127
コラム	介護保険外サービスの法的注意点	129

5章　介護保険外サービスの成功事例

01	自費のリハビリテーション事業	132
02	老人ホーム紹介と片づけ・住まい整理のワンストップ事業	139
03	介護業界に特化した人材紹介サービス	148
04	介護事業者が成功するために必要なことは？	154
コラム	介護現場運営の悩みから保険外サービスの創出へ	157

6章　介護保険外サービスをもっと成功させるには

01	思ったより利益が出ていない	162
02	顧客がなかなか増えない	165
03	従業員への浸透が難しい	168
04	従業員の管理が難しい	172
05	人材採用が難しい	175
06	ケアマネジャーへの周知が難しい	176
07	利用者からのクレームはどのように防げばいいか	178
08	事業を継続させるために必要なこと	181
コラム	「諦めない」を支援する保険外の自費リハビリテーション事業と改善事例について	185

索引		188

① 介護保険外サービスの基本

近年、介護を必要とする人の増加やニーズの多様化により、介護保険外サービスが注目を集めています。本章では介護保険外サービスの基礎知識や注目されている背景、課題、最新動向などについて解説します。

介護保険外サービスの基本

介護保険外サービスとは どんなもの?

介護保険外サービスは、介護保険制度により提供されるサービスと比べてどのような違いがあるのでしょうか? 混合介護についても触れながら解説します。

◆ 介護保険サービスとの違い

介護保険外サービスとは、介護保険が適用にならない高齢者のニーズに応えるサービスです。介護保険によって適用されるサービス(以降、介護保険サービス)との違いを見ていきましょう。介護保険サービスは、要介護者の程度に応じてサービスを提供し、自立を支援することを目的としていますが、**要介護認定**を受けた人しか利用できません。原則として介護事業を始めるには国の許認可が必要で、提供できるサービス内容も**介護保険法**で定められています。介護保険を使って受けられるので利用した際にかかる費用は、利用者の所得などに応じて1〜3割を利用者が負担すれば済みます。残りの7〜9割は国の税金と保険料で負担する形で運用されています。

一方、介護保険外サービスは、介護認定を受けていない人も利用できます。介護保険法による制限を受けないため、利用者のニーズに合わせた多種多様なサービスを提供できます。例えば介護保険サービスの訪問介護では、要介護認定を受けた人の身のまわりしか世話をすることができませんが、介護保険外サービスでは、介護対象者の家族の分の食事を作ったり、家事をサポートしたりすることもできます。ただし利用した際にかかる費用は、介護保険が適用されないため、全額、利用者の負担となります。

介護保険外サービスというと**混合介護**という言葉を思い浮かべる人もいるかと思われます。混合介護とは、介護費の一部を負担する介護保険サービスと、全額自分で負担する介護保険外のサービスを同時に利用することです。前述した訪問介護の例では、介護保険のサービスで要介護者の食事を準備してもらい、自費で同居している家族の食事を作ってもらうのは混合介護に該当します。なお、本書では混合介護以外にも単独で提供される介護保険外サービスについても解説していきます。

介護保険外サービスを提供している事業者

介護保険外サービスは以下の3種類に分けられます。

---

①公的(市町村が独自に提供している)介護保険外サービス

②介護事業者による介護保険外サービス

③民間企業が提供している介護保険外サービス

　公的な保険外サービスは、地域住民のボランティアやシルバー人材センター等の協力で運営されています。各市区町村によって、サービスの種類や料金、利用条件は異なります。

　介護保険外サービスには、国の許可を取得した介護事業者だけでなく、飲食店から士業まで様々な業態の異業種も参入しています。その結果、介護保険の延長だけでない高齢者の生活のあらゆる局面をサポートできるようになっています。

介護保険サービスと介護保険外サービスの違い

項目	介護保険サービス	介護保険外サービス
対象	事業開始の条件 国の許認可が必要	許認可がなくても可能
提供できるサービス	介護保険法で定められた範囲内のサービス	制限なし
利用費	1～3割の利用者負担	全額利用者負担

●混合介護とは

　介護保険サービスと、介護保険外のサービスを同時に利用すること

●介護保険外サービスの例

・市町村　　　：配食

・介護事業者：ペットの世話や散歩生活に必要な範囲を超えた大掃除

・民間企業　　：トラベルヘルパー

02 介護保険外サービスの基本

介護保険外サービスはなぜ注目されている？

昨今、なぜ介護保険外サービスが期待されているのでしょうか？　利用者と政府、介護事業者の目線からその理由を紹介します。

◆ 介護保険サービスの内容に満足しない利用者は多い

　介護保険は要介護度によって利用できるサービス内容が決められており、個人によってその範囲内ではサービス内容が不足する場合があります。例えば、訪問介護のヘルパーに依頼できるのは、日常的な調理、洗濯、掃除、買い物など。窓拭きや庭の草むしり、電球の交換、ゴミ出しなどは頼めません。大掃除や重労働になりやすい家事は対応してもらえないのです。平均寿命が伸びるにつれて、高齢者のみの世帯が増えています。内閣府が集計した令和5年度高齢社会白書によれば、65歳以上の人のいる世帯は令和3年現在、世帯数は2580万9000世帯と全世帯（5191万4000世帯）の49.7%を占めています。

　昭和55年では世帯構造の中で3世代世帯の割合が一番多く、全体の半数を占めていましたが、令和3年では夫婦のみの世帯および単独世帯がそれぞれ約3割を占めているのです（12ページ図）。高齢者のみ世帯であれば、前述したサービスを利用したい人は多いと思われます。背景には生活スタイルの変化や若者が東京、大阪などの大都市へ流失などの要因もあるでしょう。

◆ 政府は介護保険外サービスに期待している

　政府は2025年を目途に、重度な要介護状態となっても住み慣れた地域で自分らしい暮らしを人生の最後まで続けられるよう、住まい・医療・介護・予防・生活支援が一体的に提供される**地域包括ケアシステム**の構築を目指しています。

　地域包括ケアシステムとは、人口減少社会における介護需要の急増という困難な課題に対して、医療や介護などの専門職から地域の住民一人ひとりまで様々な人たちが力を合わせて対応していこうというシステムです。終の住みかを自宅とする場合に必要なのは、在宅医療と在宅介護・看護です。

その役割を担う存在として、介護保険外サービスの充実が期待されています。高齢者のQOLを維持・向上し、尊厳ある生活を継続するためには公的なサービスだけではなく、介護保険外サービスの充実が不可欠です。個人の多様で幅広いニーズにも対応できる保険外サービスの活用の重要性はますます高まっていると考えられます。

◇ 介護事業者の期待

介護保険は総報酬がアップしたにも関わらず、基本報酬のアップはほとんど実現しませんでした。その一方で、人件費やその他の経費は年々増加し、人の定着率が高いほど人件費も増加するというジレンマもあります。こうした現状を打破するために、介護保険に頼らないサービスの開発が急がれています。幅広いサービスを提供することで他の事業所との差別化が促進され、利用者増加につながるメリットがあるからです。

最近、介護事業者の中では、次のような潮流があります。

・介護報酬以外からの収入の確保や事業の安定を目的とした新事業の創出が増加しています。隣接領域の保育・障害支援事業への進出だけでなく、介護保険外事業全般を検討しています。

・横出しといって介護事業と同一の顧客または見込み客を対象とした事業を展開し、**LTV（ライフ・タイム・バリュー）**の最大化を目指した事業展開を行います。

・介護事業における人的リソースの活用することで生産性の向上や職員の新しいキャリアの創出を目指します。保険外リハビリや自費訪問看護のサービスなどです。

・人材紹介（海外人材も含む）や教育など人材不足の介護業界へアプローチする事業です。

・士業と連携を図り、地域に住む高齢者が必要な法的なサポート（成年後見人や遺言書の作成など）を提供します。

詳細については次章以下で説明いたします。

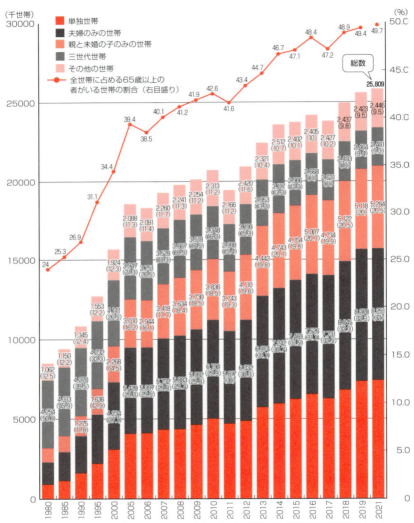

高齢者のみの単身世帯の割合

資料：昭和60年以前の数値は厚生省「厚生行政基礎調査」、昭和61年以降の数値は厚生労働省「国民生活基礎調査」による。
(注1) 平成7年の数値は兵庫県を除いたもの、平成23年の数値は岩手県、宮城県および福島県を除いたもの、平成24年の数値は福島県を除いたもの、平成28年の数値は熊本県を除いたものである。
(注2) (　) 内の数字は、65歳以上の者のいる世帯総数に占める割合 (%)
(注3) 四捨五入のため合計は必ずしも一致しない。
(注4) 令和2年は調査中止

出所：内閣府「令和5年版高齢社会白書（全体版）」

03 介護保険外サービスの基本

介護保険外サービスを
どのように利用する？

介護保険外サービスを利用するには、どのような対応が必要なのでしょうか？　利用者の目線に立って解説します。

◆ ケアマネジャーに要望を伝える

　利用者が介護保険外サービスの利用を検討する際には、まずはケアマネジャーに相談するケースが多いと思われます。実際、日本総合研究所の調査による「保険外サービス活用促進に関する調査研究事業報告書」（令和3年3月）では、公的介護保険外の自費サービスについての情報源として担当するケアマネジャーが59.6%と第1位となっています。

　「もっと自宅に来て支援してほしい」「もっとリハビリをするためにデイサービスに通いたい」というニーズがあっても、介護保険の**区分限度支給額**が上限に達してしまい、「利用できない」とケアマネジャーに言われるケースもあります。これは、"保険の対象となる上限を超えている"という意味ですので、他の産業の一般的なサービス同様に全額自己負担（10割の負担）であれば、利用可能というケースもあります。ケアマネジャーに「保険外の自費で10割負担でもよいので利用したい」旨を伝え、相談することが必要です。

◆ なぜ自費での利用が必要なのかを伝える

　ケアマネジャーに相談する際は、「なぜ利用の必要があるか」を明確に伝えることが重要です。理由によっては自費サービスを利用する以外の提案も期待できるからです。例えば、筆者が対応したケースでこのような事例があります。Aさんは要介護1の高齢者です。もっとデイサービスや訪問リハビリを利用して、リハビリテーションをしたいというニーズがありました。しかし、介護保険の区分限度支給額は上限になってしまっています。内訳をみると、リハビリよりも、訪問介護や訪問看護といったサービスが優先され、利用の多くを占めていたのです。

そこで、自費サービスが必要になった背景をケアマネジャーと相談しました。大きな理由は、直近3カ月の間に段差のないところで6回転倒した、最近居室内で小さな段差につまずくことが多くなったなど、歩行に関する不安が大きくなっていることであるとの旨、また認知機能の低下等への不安についても伝えました。

　ケアマネジャーは、検討の上、地域内で自費サービスを調整し、訪問リハビリを増加させました。同時に介護保険の区分変更申請を行い、現在Aさんは要介護2の認定を受け、その範囲内でのリハビリと自費の訪問リハビリを受けています。このように必要になった背景を伝えることで、介護のプロの目線で新しい解決策を提示してもらえることもあります。

◇ 地域のサービスを自分で探す、アンテナを張る

　これまでのとおり、保険外サービスは新しいサービスも多く、ケアマネジャーなどの専門職が知らないケースもあります。ケアマネジャーの業務の中で、「地域内の自費サービス」を探したり精査したりすることは、現段階では優先度の低い仕事といわざるを得ません。知っていたとしても、ある程度のニーズのある通院の支援などに比べ、旅行などの余暇サービスについては、あまり知らないことも多いでしょう。

　この場合、家族、本人による情報収集が必要となります。まずは役所等へ相談し、自分のニーズに合う保険外サービスがあるか確認することもよいでしょう。他にも地域のチラシ・フリーペーパーの活用や、インターネットで「●●市　高齢者　自費　●●（サービス名）」などのキーワードを入れ、地域のサービスを自分で検索することも必要かもしれません。また厚生労働省が「地域包括ケアシステム構築に向けた公的介護保険外サービスの参考事例集〜保険外サービス活用ガイドブック〜」という資料をインターネットで公開しています（https : //www.mhlw.go.jp/content/12300000/001236607.pdf）。この資料は、平成28年3月の時点での日本全国の保険外サービスの一例が掲載されています。こちらの資料を参考に、同様のサービスがないか、役所やケアマネジャー等へ確認してみることもよいでしょう。

健康寿命を延ばすための手段としても利用したい

　介護保険外サービスは、介護保険の負担がないため、利用する際の費用は高くなりますが、上手く利用すればQOLの質を上げることもできます。例えば筋トレやヨガなどにより、筋力の低下を抑止すれば転倒などのリスクを減らして健康寿命を延ばせます。要介護状態が続けば、配偶者や子供など家族の負担も大きくなりますので、それらを軽減することも期待できるでしょう。

健康寿命と平均寿命の推移

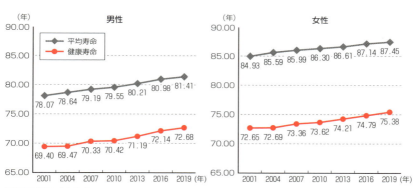

以下の資料をもとに作成
出典：平均寿命：平成13・16・19・25・28年令和元年は、厚生労働省「簡易生命表」平成22年は「完全生命表」
　　　健康寿命：厚生労働省「第16回健康日本21（第二次）推進専門委員会資料」

04 介護保険外サービスの基本

介護業界の課題①
介護報酬だけでは厳しくなってきた

介護業界はいくつか問題を抱えていますが、その中の1つは利益がでにくい構造です。

◆ 急増する介護事業者の倒産

東京商工リサーチのデータによれば、2024年上半期(1〜5月)に介護事業者の倒産が急増し、前年同期比75.6%増の72件に達しました。特に訪問介護の倒産が34件、通所・短期入所が22件と増加しています。背景には、慢性的な人手不足があり、介護職員の高齢化や他業種との賃金格差が深刻化しています。コロナ禍後の支援策終了とともに財務状況が悪化し、物価高騰により運営コストが増加していることも要因です。これらの複合的な問題が、事業継続を困難にし、倒産件数を押し上げています。今後も倒産の増勢が続くと予想されます。

2024年1〜5月に倒産した「介護事業者(老人福祉・介護事業)」の72件のうち、販売不振(売上不振)が57件(構成比79.1%)と約8割を占めています。また、従業員10人未満が55件(同76.3%)、破産など消滅型が69件(同95.8%)と、事業継続を断念する小規模事業者が多い状況です。

◆ 介護報酬では利益が残りにくい

介護サービス事業者は介護報酬が法定価格として定められているため、収益を上げて物価高に対応することが難しい一面があります。2024年度の介護報酬改定で職員の賃上げなど処遇改善が一部で進むことが期待されますが、飲食業など他業界との人材獲得は激しい競争が広がっています。一方、大手保険会社やファンドなどが介護業界に参入する動きも強まり、競合が激しさを増しています。2024年度の介護報酬はプラス1.59%だったが、マイナス改定の「訪問介護」を中心に、基本報酬が想定ほど上がりませんでした。介護報酬のアップだけでは競争に打ち勝つことが難しいと思われます。

介護保険外サービスの基本 1
04 介護業界の課題① 介護報酬だけでは厳しくなってきた

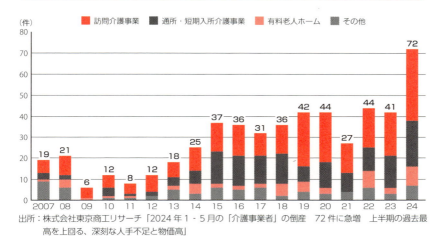

「老人福祉・介護事業」の倒産件数（2024年1～5月）

出所：株式会社東京商工リサーチ「2024年1・5月の「介護事業者」の倒産 72件に急増 上半期の過去最高を上回る、深刻な人手不足と物価高」

最近の介護報酬改定の改定率について

改定時期	改定にあたっての主な視点	改定率
令和元年10月改定	・介護人材の処遇改善 ・消費税の引上げ（10%）への対応 （基本単位数等の引上げ・区分支給限度基準額や補足給付に係る基準費用額の引上げ）	2.13% （処遇改善1.67%、消費税対応0.39%、補足給付0.06%）
令和3年度改定	・感染症や災害への対応力強化 ・地域包括ケアシステムの推進 ・自立支援・重度化防止の取組の推進 ・介護人材の確保・介護現場の革新 ・制度の安定性・持続可能性の確保	介護職員の人材確保・処遇改善にも配慮しつつ、物価動向による物件費への影響など介護事業者の経営を巡る状況等を踏まえ、0.70% ※うち、新型コロナウイルス感染症に対応するための特例的な評価0.05%（令和3年9月末まで）
令和4年10月改定	・介護人材の処遇改善（9千円相当）	1.13%
令和6年度改定	・地域包括ケアシステムの深化・推進 ・自立支援・重度化防止に向けた対応 ・良質な介護サービスの効率的な提供に向けた働きやすい職場づくり ・制度の安定性・持続可能性の確保	1.59% （介護職員の処遇改善0.98%、その他0.61%）

介護保険外サービスの基本

介護業界の課題②
2025年以降も増え続ける利用ニーズ

高齢化社会に伴い益々利用者のニーズが増えていくということです。2025年以降高齢者人口は増加する半面、労働者人口が減少する中、より人員の確保が難しくなることが予想されます。

◆ 2025年には5人に1人が75歳以上（後期高齢者）

2025年は、団塊の世代がもれなく75歳以上となる年です。厚生労働省が策定した「総合確保方針の見直しについて」の冒頭に次のような記載があります。

> ・いわゆる団塊の世代が全て75歳以上となる令和7年(2025年)にかけて、65歳以上人口、とりわけ75歳以上人口が急速に増加した後、令和22年(2040年)に向けてその増加は緩やかになる一方で、既に減少に転じている生産年齢人口は、令和7年以降さらに減少が加速する。
> ・全国で見れば、65歳以上人口は令和22年を超えるまで、75歳以上人口は令和32年(2050年)を超えるまで増加が続くが、例えば、要介護認定率や1人当たり介護給付費が急増する85歳以上人口は令和7年まで75歳以上人口を上回る勢いで増加し、令和17年(2035年)頃まで一貫して増加する。外来患者数は令和7年(2025年)頃、入院患者数は令和22年(2040年)頃、在宅患者数は令和22年(2040年)以降に最も多くなる。一方で、都道府県や2次医療圏単位で見れば、65歳以上人口が増加する地域と減少する地域に分かれ、入院・外来・在宅それぞれの医療需要も、ピークを迎える見込みの年が地域ごとに異なる。
>
> （厚生労働省「総合確保方針の見直しについて（案）」から抜粋）

2025年以降も75歳以上の人の割合が増え続けますが、それに伴い介護が必要とされる人も増加していくと想定されています。

◆ 深刻な介護職員の不足

厚生労働省が発表したデータによると、2025年、2040年には下記の人数の介護職人が必要になるとされています。()内は2019年度(211万人)比で推計された介護職員の必要人数であり、介護を必要とする人に対して職員の増加が追いついていない状況となっています。

- 2025年度には約243万人（＋約32万人(5.3万人/年)）
- 2040年度には約280万人（＋約69万人(3.3万人/年)）

2025年度には約243万人の介護職員が必要とされ、政府は2019年度から毎年5.3万人の増員を目標に掲げています。しかし、2022年度までの実績は毎年1～3万人程度の増員に留まり、目標ペースとは乖離がある状況です。

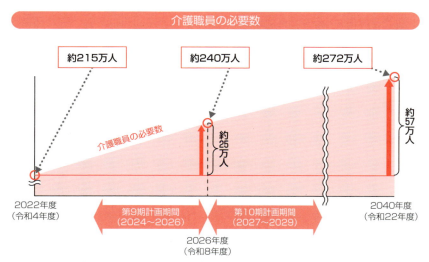

出所：厚生労働省「第8期介護保険事業計画に基づく介護職員の必要数について」

06 介護保険外サービスの基本

介護業界の課題③
人手不足をどう解決するか

長年、介護業界は待遇面が他の業界に見劣りしたり、勤務体制が不規則だったりする
などの理由により人手不足に悩まされてきました。この問題解決へ向けて施設側の取
り組みと募集時の取り組みから解説します。

◆ 介護施設側の取り組み

まず、人手不足の解消にあたり介護施設側で対応できる取り組みとしては
下記のようなことが考えられます。

・処遇改善（賃上げ）

介護職員というと、仕事の大変さと給与面が見合わないというイメージが
あります。しかし厚生労働省の統計によれば、2009年から2019年の10年
間に給与が月額7万5,000円アップした実績があります。日本の労働者の平
均給与が伸び悩む中、この数字は目覚ましい額です。さらに2024年2月に
介護事業に関わる職員を対象に1人あたり約6,000円の給与アップを目指し
た施策も実施されました。

これまで、質の高い介護サービスを確保しつつ、今後ますます増大する介
護ニーズに対応する観点から、**処遇改善加算**、**特定処遇改善加算**、**ベースアッ
プ等支援加算**の3種類の処遇改善関係加算が設けられ、待遇改善やベース
アップ等による介護職員の安定的な確保を図るとともに、さらなる資質向上
のためキャリアパスの構築等への取り組みが推進されてきました。

なお、2024年6月からは、**介護職員等処遇改善加算**に一本化されました（す
ぐに移行するのが難しい介護事業所については1年間の猶予が設けられてい
ます）。

・職場環境改善

介護職員等処遇改善加算を受けるためには、**職場等環境要件**を満たす必要
があります。入職促進、資質の向上やキャリアアップ、両立支援・多様な働き
方の推進、腰痛を含む心身の健康管理、生産性向上のための業務改善、やり
がい・働きがいの醸成のうち、一定数以上の取り組みを行う必要があります。

・IT機器の導入による効率化

　介護業界は、事務作業などについて紙ベースで行うのが中心で、IT化が進みませんでした。しかし新型コロナウイルス感染症の対策として、**オンライン面談**や**オンライン会議**の導入が増えました。2021年から**科学的介護情報システム（LIFE）**にデータを提供すると、介護報酬として**科学的介護推進体制加算**がもらえるようになるなど推進され、ここ2～3年、IT機器を活用する介護事業所も増えています。もちろんIT機器がすぐに介護職員に取り替われることはないですし、完全に代替することは不可能なので、AI（機械）によって仕事が奪われるかもしれないという介護職員の心配は杞憂です。ただし、経験豊富な介護スタッフでなくてもできる仕事をIT機器に任せることにより、介護職員はより質の高い介護ができるようになるのです。

◇ 募集時の取り組み

　次に、募集時にできる取り組みとしては下記のようなことが考えられます。

・介護助手の活用による業務負担の分散化

　介護職員の業務は多岐にわたりますが、清掃業務や洗濯業務など有資格の専門職ではなくてもできる業務もあります。最近では定年を迎えた人でもパートなどで継続して働くことを希望する人がいますので、肉体的にハードではく、特殊なスキルがいらない業務であれば介護専門職よりは求人に苦労することもないでしょう。介護の周辺業務を切り離すことで介護職の専門性を発揮できる時間を増やすことができ、かつ業務時間の大幅な削減につながります。

・外国人労働者の登用

　人手不足対策として期待されているのは、外国人労働者の登用です。厚生労働省は外国人介護職員の受け入れを積極的に推進しています。具体的には、技能実習生制度や特定技能実習生度、留学生など、複数のルートが用意されています。厚生労働省の統計によると、2023年介護分野で働く外国人の在留者数は約4万人、特定技能資格を持つ在留者は約1万7,000人です。また年々その数は増えています。

職場環境等改善の詳細

区分	具体的内容
入職促進に向けた取組	・法人や事業所の経営理念やケア方針・人材育成方針、その実現のための施策・仕組みなどの明確化 ・事業者の共同による採用・人事ローテーション・研修のための制度構築 ・他産業からの転職者、主婦層、中高年齢者等、経験者・有資格者等にこだわらない幅広い採用の仕組みの構築 ・職業体験の受入れや地域行事への参加や主催等による職業魅力度向上の取組の実施
資質の向上やキャリアアップに向けた支援	・働きながら介護福祉士取得を目指す者に対する実務者研修受講支援や、より専門性の高い介護技術を取得しようとする者に対する喀痰吸引、認知症ケア、サービス提供責任者研修、中堅職員に対するマネジメント研修の受講支援等 ・研修の受講やキャリア段位制度と人事考課との連動 ・エルダー・メンター（仕事やメンタル面のサポート等をする担当者）制度等導入 ・上位者・担当者等によるキャリア面談など、キャリアアップ等に関する定期的な相談の機会の確保
両立支援・多様な働き方の推進	・子育てや家族等の介護等と仕事の両立を目指す者のための休業制度等の充実、事業所内託児施設の整備 ・職員の事情等の状況に応じた勤務シフトや短時間正規職員制度の導入、職員の希望に即した非正規職員から正規職員への転換の制度等の整備 ・有給休暇が取得しやすい環境の整備 ・業務や福利厚生制度、メンタルヘルス等の職員相談窓口の設置等相談体制の充実
腰痛を含む心身の健康管理	・介護職員の身体の負担軽減のための介護技術の修得支援、介護ロボットやリフト等の介護機器等導入及び研修等による腰痛対策の実施 ・短時間勤務労働者等も受診可能な健康診断・ストレスチェックや、従業員のための休憩室の設置等健康管理対策の実施 ・雇用管理改善のための管理者に対する研修等の実施 ・事故・トラブルへの対応マニュアル等の作成等の体制の整備
生産性向上のための業務改善の取組	・タブレット端末やインカム等のICT活用や見守り機器等の介護ロボットやセンサー等の導入による業務量の縮減 ・高齢者の活躍（居室やフロア等の掃除、食事の配膳・下膳などのほか、経理や労務、広報なども含めた介護業務以外の業務の提供）等による役割分担の明確化 ・5S活動（業務管理の手法の1つ。整理・整頓・清掃・清潔・躾の頭文字をとったもの）等の実践による職場環境の整備 ・業務手順書の作成や、記録・報告様式の工夫等による情報共有や作業負担の軽減
やりがい・働きがいの醸成	・ミーティング等による職場内コミュニケーションの円滑化による個々の介護職員の気づきを踏まえた勤務環境やケア内容の改善 ・地域包括ケアの一員としてのモチベーション向上に資する、地域の児童・生徒や住民との交流の実施 ・利用者本位のケア方針など介護保険や法人の理念等を定期的に学ぶ機会の提供 ・ケアの好事例や、利用者やその家族からの謝意等の情報を共有する機会の提供

出所：厚生労働省「処遇改善に関する加算の職場環境等要件」

介護保険外サービスの基本 1

06 介護業界の課題③ 人手不足をどう解決するか

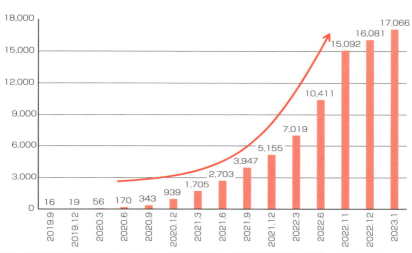

介護分野の特定技能外国人在留者数の推移

出所：厚生労働省「介護分野における外国人の受入実績等」／出入国在留管理庁公表データを元に作成

　しかし、外国人労働者の登用は人手不足の問題をすぐに解決する万能薬ではありません。日本語を母語としない外国人介護職員と介護サービスの利用者の間には、言葉や文化の壁が発生します。言葉や文化の壁は、介護の質やコミュニケーションに少なからず影響を与える可能性があります。例えば、症状や気持ちを正確に理解できないと、適切なケアが提供できないケースもあるでしょう。外国人職員の能力は低いわけではなく、慣れるまで時間がかかるのです。ベテランの日本人介護職員の指導やサポートが必要です。

07 介護保険外サービスの基本

介護業界の課題④
働き方改革をどう行うか

なぜ介護職は人材不足の状態が続いているのでしょうか？　賃金など処遇面での問題もありますが、それだけではありません。夜勤などの不規則な勤務体制や、同じことの繰り返しでスキルの向上を感じられないなどの教育体制が理由で離職する人もいます。

◆ 介護業界の働き方改革

　働き方改革とは長時間労働の改善や非正規雇用労働者の処遇改善などの、労働制度を根本的に見直すものです。介護業界は長時間労働や職務環境による精神的疲労、慢性的な人手不足など多くの問題を抱えています。そのため、働き方改革を推進することで介護業界が抱える人手不足の解消や離職率の低下、採用率の悪さなどの改善が期待できます。その結果、介護業界全体の生産性を高めることが期待できます。

　そのほか、介護の仕事は感情労働でもあるため、職員のメンタルケアも重要です。2015年から一定規模以上の企業には**メンタルヘルス・チェック**が義務化されたように、定期的な調査や面談にて職員のメンタルを安定させるような仕組みを作ることも大切です。

◆ IT機器の導入による効率化

　介護記録の入力にタブレット端末を導入することで、紙ベースだった記録の大幅な業務効率化を図れます。リーダー職が大きな時間を割いている職員のシフト作成も専用ツールによる自動化を進めることで大幅な時間短縮ができるとともに、スタッフの不平等感の是正にもつながります。さらに介護ロボットや24時間の見守りシステムの導入などにより、業務の必要人数を削減できる可能性があります。

　こうした取り組みを介護事業者がすべて独力で行うのは困難です。そこで、厚生労働省では、**介護職員の働く環境改善に向けた政策パッケージ**を策定し、持続的な介護職員の待遇改善を実現するため、IT機器導入など個々の事業者における経営改善やそれに伴う生産性の向上を支援するべく、取り組みの横展開や働きかけの強化等を行っています。

08 介護保険外サービスの基本

介護保険外サービスに関する政府の取り組み

介護保険外サービスについて政府はどのように捉えているのでしょうか？　現状の課題や今後考えられる取り組みについて解説します。

◆ 現状の課題と今後の取組み

　経済産業省が作成した資料未来の健康づくりに向けた「アクションプラン2023」には、次のような記載があります。

・課題

　高齢者が住み慣れた地域で自立度高く生活することにより、間接的にビジネスケアラーを含む家族介護者の負担を軽減することが可能。そのためには、介護保険サービスに加えて介護需要の多様な受け皿の充実を図っていくことが重要。

・今後の取り組み

　具体的には①介護保険外サービスの振興に取り組むとともに、高齢者やその家族等が安心してサービスを利用するために、②介護保険外サービスの信頼性確保の在り方も検討。

　さらに、①介護保険外サービスの振興のための具体的な取り組みとして、「自治体を中核にして高齢者ニーズを把握し、介護保険外サービスの地域実装に繋げていく取組といったモデル開発・普及を進めていくことを検討」することも述べられています。高齢化に伴い、昨今では、家族の介護によって離職しなければならない人がいるなど、その家族の負担が問題視されています。介護保険外サービスには、介護保険サービスの不足点を補う役割が期待されているといえます。

◇ 介護保険外サービスの信頼性確保

　介護保険外サービスについては、多様なサービスがあるため、ケアマネジャーが安心して利用査に推薦できるような信頼性を担保することも重要です。アクションプランにおいても、「介護保険外サービスの信頼性確保」のための取り組みとし「介護に関連して、多種多様な民間サービスが存在する中で、高齢者や家族、周囲の支援者(ケアマネジャー等)が安心して利用・推奨するためにも、一定の水準の担保が必要。そうした介護保険外サービスの信頼性確保の在り方についても検討」と記載されています。

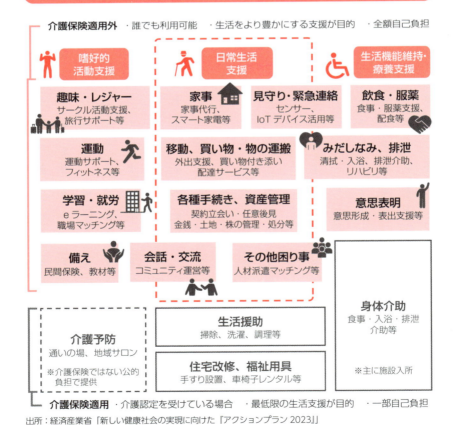

出所：経済産業省「新しい健康社会の実現に向けた『アクションプラン2023』」

09 介護保険外サービスの基本

地域包括ケアシステムで
ケアのあり方を変える

政府が 2025 年までを目途に構築を進めている「地域包括ケアシステム」においても
介護保険外サービスが構成要素の１つとして位置づけられています。

◆ 地域包括ケアシステムの目的

　地域包括ケアシステムは、人口減少社会における介護需要の急増という困難な課題に対して、医療・介護などの専門職から地域の住民１人ひとりまで様々な人たちが力を合わせて対応していくことを目指した仕組みです。要介護状態となっても住み慣れた地域で自分らしい暮らしを人生の最期まで続けることができるよう、「住まい・医療・介護・予防・生活支援」が包括的・一体的に提供される体制（地域包括ケアシステム）の構築を進めています。「地域包括ケアシステム」が必要とされる背景には、日本の「高齢化」と「人口減少」があります。出生率の低下により人口減少が始まっていますが、その一方で高齢者人口は急増し、人口ピラミッドが変化してきています。

　年齢を重ねるごとに要介護認定率は上昇傾向であり、75歳以上の認定率は約30％（約３人に１人）に達します。今後、75歳以上の人口の急増に伴い、要介護認定者の急増が想定されます。しかしながら、支える側の労働者人口は減り続けていき、ヘルパーなどの介護人材の確保は今後ますます難しくなります（**肩車型社会**）。支えてもらいたくても支えられる人がおらず、要介護認定を受けても十分なサービスが受けられないという危険性があります。

　さらに、認知症高齢者は2025年には約700万人と高齢者の５人に１人になり、高齢者の単身世帯や老々世帯も増加することが予測されるため、単身の認知症高齢者をどのように支えていくのかも大きな課題となります。そのため、医療・介護などの専門職から地域の住民１人ひとりまで様々な人たちが力を合わせて高齢者を支える「地域包括ケアシステム」の構築が必要になってくるのです。

◆ 地域包括ケアシステム構築のために不可欠な介護保険外サービス

　地域包括ケアシステムは、介護保険制度と密接に結びついていますが、必要なサービスを介護保険制度のみで構築できるとは想定されていません。地域包括ケアシステム研究会報告書（2009年）では、「介護費用が増大する中で、すべてのニーズや希望に対応するサービスを介護保険制度が給付することは、保険理論からも、また共助の仕組みである社会保険制度の理念に照らしても適切でないとし、自助、互助、共助、公助のうち「自助」を基本としながら、互助、共助、公助の順で取りくむことが必要でないかと提言しています。この自助に該当するのが介護保険外サービスです。

　2016年3月には、厚生労働省、農林水産省、経済産業省の連名で「地域包括ケアシステム構築に向けた公的介護保険外サービス」の事例集を策定するなど、力を入れていることがわかります。

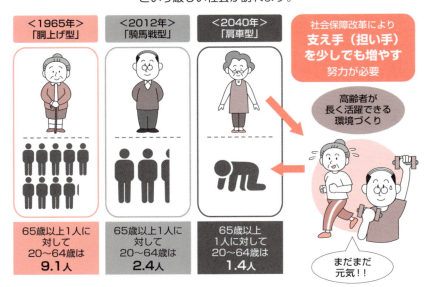

肩車型社会

今後急速な高齢化が進み、やがて「1人の若者が1人の高齢者を支える」という厳しい社会が訪れます。

出所：板橋区「地域包括ケアシステムの『必要性』」をもとに作成

介護保険外サービスの基本 1
⑨ 地域包括ケアシステムでケアのあり方を変える

人口ピラミッド社会

団塊の世代がすべて75歳となる2025年には、
75歳以上が全人口の約18%(約5.5人に1人)となる。

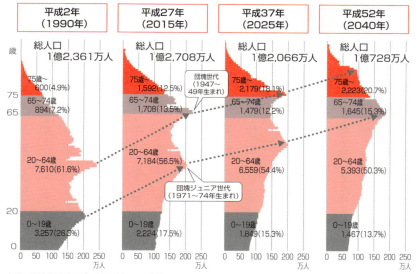

出所：総務省統計局「国勢調査」および「人口推計」、国立社会保障・人口問題研究所「日本の将来推計人口中位推計」、板橋区「地域包括ケアシステムの『必要性』」をもとに作成

　2040年には、全人口が1億728万人ほどになり、そのうち65歳以上の高齢者が35%以上に達します。後期高齢者である75歳以上の人口は20%以上になると予測されています。その一方で生産年齢人口(20～64歳)は50.3%まで低下する見込みです。

　高齢者の増加に伴い医療・介護に関する社会保障費が増大する一方で、生産年齢人口の減少により納税者は減少し、社会保障制度に対する一人当たりの負担は増加せざるを得ないでしょう。これに対処するためには、社会保障制度の効率の見直しや新たな財源の確保、公平な負担の分担などを早急に検討しなければなりません。

10 介護保険外サービスの基本

介護保険外サービスによる事業拡大のメリット

介護保険外サービスによる事業拡大には、経営の安定化のほかに、既存リソースの活用や利用者満足度の向上、職員のモチベーションアップなど様々なメリットがあります。

◆ 介護報酬以外の収入による経営の安定

　高齢人口の増加、社会保障費の増大により、介護保険は幾度となく報酬の減額が議論されてきました。介護給付が抑制され、特に中小の介護事業者の経営環境は年々厳しくなりつつあります。介護保険外サービスは介護保険制度の改正による影響を受けないため、経営を持続させる上での頼みの綱となりえます。介護保険法で提供できるサービスと報酬が決まっている介護保険サービスは、スケールメリットを活かした大規模の事業者が有利となりますが、法律での制約がない介護保険外サービスは、アイディアやサービス品質によって中小の事業者であっても利益を増やせる可能性があります。

◆ 既存のリソースの活用

　事業所の設備・備品・車両などの空き時間や人的リソースを活用することで、コストを抑えつつ、収益の増加を目指せます。介護保険サービスを提供する場所として行政に届け出た区域は、サービス提供中はいかなることがあっても他の用途に使うことは認められていません。しかし提供時間外であれば、他の用途に使えますので、デイサービスの後に、フィットネスなど自由にサービスを提供できます。

◆ 利用者の満足度を上げる

　介護保険サービスと介護保険外サービスをシームレスで提供することによって利用者やその家族の生活を包括的にケアできるようになります。介護保険サービスの訪問介護をしていた介護事業者が、配食サービス、家事代行等サービスなど在宅に特化したサービスを提供すれば、利用者はその都度、別の事業者に依頼する煩雑さから解放されます。

介護保険外サービスの基本

⑩ 介護保険外サービスによる事業拡大のメリット

1

　また訪問介護事業所の職員は、一般的な家事代行サービスと異なり、介護資格を持つ人が対応するので利用者にとっても安心感があるでしょう。

◇ 職員のモチベーションアップ

　「現状でも人手が足りないのに新規サービスなど無理」といった反発を職員から受けると思われます。ただ介護保険のサービスは、法律で利用者に提供できるサービスや時間が制限されています。介護保険外サービスであれば、そうした制約から解消されるので「もっと利用者に向き合いたい」「ニーズに応えられるサービスができない」という不完全燃焼感を取り払うことができます。また事業所の利益を社員に還元していけば、職員のモチベーションもアップしていくでしょう。

介護保険外サービスへ進出する効果

下記のサイクルが上手く廻れば経営の安定化をもたらしてくれます。

既存（設備や人材）リソースの活用によるサービス提供	▶	利用者の満足度が向上する→利用頻度が増える	▶	職員のモチベーションアップ→定着率の向上

介護保険外サービスの基本

介護保険外サービスの課題①
情報・ノウハウの不足

高齢者およびその家族の生活の質を向上させる手段として政府や利用者から期待されている介護保険外サービスですが、その自由度ゆえに事業者側の情報やノウハウ不足が課題になっています。

◆ 事業者の課題

　厚生労働省・農林水産省・経済産業省が作成した「地域包括ケアシステム構築に向けた公的介護保険外サービスの参考事例」には、事業者が抱える問題点について次のように記載されています。

> 　介護保険サービスを提供している介護事業者は、高齢者に対してサービス提供をすることに関する知見やノウハウを持っています。しかし、価格やサービス内容が公的に定められている介護保険サービスと異なり、保険外サービスでは、自らサービスを企画し、価格設定を行い、ターゲットとなる消費者に訴求していかなくてはなりません。そのため、介護保険サービスとは異なる情報やノウハウが求められます。

　一方、介護保険サービス事業者以外の事業者は、ニーズに基づいて商品・サービスを企画して届けるマーケティング能力はあっても、高齢者や家族のニーズについての情報やチャネルが不足していることもあります。要介護者に代表される高齢者と接する機会が限られていることや、高齢者にサービスを認知してもらい、届けるための販路・チャネルが整備されていないことも少なくないのです。

　こうした課題は、事例集が策定されてから8年以上経った今日も残っています。新型コロナウイルス感染症対策の強化や物価高、人手不足など目の前に対策に追われ、新たなサービス領域まで余力が残っていない現状もあります。

介護保険外サービスの基本 **1**
⑪ 介護保険外サービスの課題① 情報・ノウハウの不足

◆ 介護保険サービスの延長で考えてしまう

　介護保険事業者が提供している介護保険外サービスというと訪問介護事業者による家事手伝い、買い物代行といった自費のヘルパー事業、通所事業者によるお泊りデイサービスなど介護保険の延長上のサービスが多いです。もちろん強みを活かすことは大切ですが、家事手伝いや買い物代行であれば、特色を持たせることや他社との差別化を検討する必要があります。

　提供するサービスの内容だけでなく、価格設定についても意識を変える必要があります。自費での提供となる介護保険外サービスでは、介護保険サービスの自己負担費用と比べると利用者が負担する時間単価は高くなります。しかし経済的に余裕のある富裕層のみをターゲットとしたり、価格を下げなければ利用されないと考えたりするのは早計といえるでしょう。

　利用者が納得してその価値を認め、対価を支払うシーンを見極めることができれば、多くの人にサービスを届けられる可能性は広がります。旅行や美容などの娯楽などの分野だけでなく、自費でのリハビリテーションなども該当します。本書の5章では、自費のリハビリテーションの成功事例と価格設定に至った過程について解説しています。

介護保険外サービスを始める際に変えたいマインド

①介護保険と同じようなサービスを提供すればよい
➡他事業者との差別化ができない。自費だからこその自由な発想のサービス開発が必要

②技術がよければ顧客は自然と集まってくる
➡ケアマネだけでなく、お客様に直接知ってもらう努力をしなければ集まらない

③広く利用してもらうためには価格を下げなければいけない
➡サービスに対する価値を理解してもらい、多くの人からの利用を増やす

12 介護保険外サービスの基本

介護保険外サービスの課題②
地域・利用者への周知不足

自治体や地域包括支援センター、ケアマネジャーといった高齢者との接点を持つ事業を行う人たちに、保険外サービスについての情報が十分行き届いていないという現状があります。

◇ 住んでいる地域にどんな介護保険サービスがあるのかわからない

　要介護高齢者本人や家族に介護保険外サービスに対する関心や利用意向があっても、「その地域で具体的にどのような介護保険外サービスが利用可能なのか」「どのような内容なのか」といった情報を入手しにくい問題があります。ケアマネジャーから見ても、介護保険外サービスに関する情報を入手しにくいことが課題となっており、これが保険外サービスの活用が進まない一因となっているようです。

　自社のサービスを認知してもらうためには、地域を管轄する役所の介護保険課や地域包括支援センターなどの介護関連の担当者に働きかける必要があります。こまめに顔を出し、サービスについて知ってもらうことなども重要です。その上でチラシを配ったり無料セミナーを開催したりして、地域の人々に存在を知ってもらう努力が求められるでしょう。

◇ 介護保険外サービスの推奨に二の足を踏むケアマネジャー

　利用者と介護保険外サービスを結び付けるハブの役目を担うのがケアマネジャーです。前述したように、介護保険外サービスの情報を得るために最も利用されている情報源がケアマネジャーだからです。しかしケアマネジャーの中には、利用者に介護保険外サービスを勧めることに抵抗感がある人もいます。

　理由は2つあります。まず1つは、サービス内容を把握していないことです。介護保険サービスについては提供される内容と価格が制度に基づいて一定の範囲や水準に定められているため、利用者の価格と品質に踏み込んだ意向まで捉えなくとも、サービスやケア内容の調整できます。一方、介護保険外サービスについてはその実態を把握しづらいため、情報提供に躊躇いを感じることはやむを得ないでしょう。

介護保険外サービスの基本 **1**
⑫介護保険外サービスの課題② 地域・利用者への周知不足

　もう１つは、「できるだけ利用者の金銭的負担を増やしたくない」と考えるからです。ケアマネジメントにおける介護保険外サービスの活用について過去に実施した調査研究事業では、マネジメントで取り扱う範囲について、「生活全般をみるべき」との考えを持つケアマネジャーが多数でした。一方で、限られた業務時間で対応しうる範囲として、現実的に「介護・生活に関する範囲」との考えに近いとするケアマネジャーも 25.6％ を占めています（日本総合研究所「地域包括ケアシステムの構築に向けた公的介護保険外サービスの活用に関する調査研究事業報告書」）。

　ケアマネジャーの中には、介護保険外サービスの紹介に消極的な人もいると認識した上で、資料提供などによりサービスの内容を知ってもらう努力しなければなりません。資料は、ただ自社のサービスを列挙するだけでなく、利用者の体験談や利用前と利用後の比較データなど、提供するサービスの特徴と優位性がわかるものが望ましいです。なおケアマネジャーと良好な関係性を築くのは重要ですが、接待や紹介手数料を支払うことは避けるべきです。

ケアマネジャーへの情報提供のポイント

項目	提供の形式
どのような サービス・ 商品であるか	・サービス・商品そのものの情報が整理されており、ケアマネジャーが理解して、地域のお客様に話すことができるようなシンプルな内容になっているか ・対象のお客様が明確であり、ケアマネジャーが対象者を理解しやすいか
信頼性、安全性は あるか	・事業所の信頼性、サービス・商品の安全性や、事故・リスクへの対策がきちんとなされており、安心して利用することができるか ・賠償責任保険や法的書類の整備など介護保険制度のサービス同様の対策がなされているか
価格は妥当で あるか	・10 割負担のサービス・商品として、価格が高すぎるなどの値付けになっていないか。また高額な場合はその理由をきちんと説明しており、納得的であるか
利用はしやすいか、 詳しい説明が あるか	・利用を検討する際の手間がかかりすぎることはないか。さらに詳しい情報を具体的に知りたい場合、担当者が説明する・詳細な情報を得ることができるなどの利便性は高いか ・体験利用・無料利用などの、トライアル利用が準備されているか

13 介護保険外サービスの基本

コロナ禍以降介護保険外サービスはどうなった？

介護業界では、新型コロナウイルス感染症対策をきっかけに遅れていた IT 機器の導入が進みましたが、介護保険外サービスにもオンラインや IT 機器を利用した新たなサービスが誕生しています。ここではその一部を紹介します。

◆ 遠隔見守りを活用した「まごチャンネル」

「まごチャンネル」は、シニア世代向けの動画・写真共有サービスです。専用スマホアプリで撮影すると、その場で動画が実家のテレビに配信され、孫専用のチャンネルが加わったように感じさせます。PC やスマートフォンなどのデジタル機器の苦手な高齢者でも、子どもや孫の生活を簡単に共有できるように開発されました。動画をスマートフォンやタブレットではなくテレビ画面で観ることができるのが売りの 1 つとなっています。テレビは若い世代では観なくなった人も増えていますが、高齢者にとっては長年慣れしんだデバイスだからです。通信回線を搭載しているため、祖父母側の自宅にインターネットや Wi-Fi 環境がなくても利用できます。

◆ 自宅でできる「オンラインリハビリ」

オンラインリハビリは「保険内でのリハビリが十分でない」などの課題に対応するサービスとして発展してきました。オンラインリハビリは、パソコンやスマホ、タブレットなどの IT 端末を用いて、自宅で理学療法士や作業療法士などの遠隔リハビリを受けられるサービスです。人同士が接触しないため、新型コロナウイルス感染症を予防しながらリハビリテーションをする方法としても利用されていましたが、感染症が沈静化した後でも、介護事業所が遠くて通いづらいなどの理由により利用者を伸ばしています。

利用者自身がリハビリテーションを 1 人で継続するのは、容易ではありません。専門家のチェックを受けることで、モチベーションを保ちつつ、リハビリテーションを継続しやすくなります。専門家が利用者の状態を把握することで、利用者 1 人ひとりに合った適切なアドバイスやサポートが可能です。

介護保険のリハビリテーション・機能訓練は、長時間の個別のリハビリは想定されておらず、小集団でのリハビリが中心です。また要介護認定を受けている人しか利用できません。それに対して介護保険外サービスのリハビリは内容や時間に制限がなく、本人が希望したリハビリを受けることができます。内容の自由度が高ければ、その分本人にとって満足度の高いリハビリを行えるでしょう。個別リハビリのほかにも集団でのヨガ教室などもありますので、介護認定を受けていない人の予防目的にも利用できます。

◇ オンライン旅行

　介護保険外サービスの中で人気があるのが旅行の付き添いサービスです。介護付き旅行サービスは、移動や食事、排泄の介助を含めて旅行先での介護サービスを受けられる仕組みです。バリアフリーに配慮した観光先の選定や宿泊先選び、交通機関の予約などを含め、旅行を手厚くサポートしてもらえるのが特徴です。高齢になるとつい外出するのが億劫となってふさぎ込みがちになる人はいます。要介護状態になっても思うまま外出できたり、旅行へ行けたりしたら一気に気分が明るくなります。また施設や自宅で楽しめる生中継の旅行オンラインツアーもあります。こうしたコンテンツから勧めてみるのもよいかもしれません。

まごチャンネルのウェブサイト／旅介のウェブサイト

出所：（左）https://www.mago-ch.com/　（右）https://tabisuke.tv/

COLUMN 保険外サービスの提供の経営的な意義

小樽商科大学ビジネススクール

准教授　藤原　健祐

　介護サービスの提供については、従来は行政がサービス配分を行う措置制度であり、施設運営に必要な資金の大部分を措置費で賄うことが可能でした。しかし、2000年から始まった介護保険制度によって利用者が自由にサービスを選択できるようになったため、介護事業者には公共サービスとしての質を確保しながらも、市場競争の中で効率性を追求する経営的視点が求められるようになりました。近年は高齢社会の進展や社会構造の変化に伴い、介護サービスの需要を含む市場環境が大きく変化しており、特に介護ニーズの多様化が進んでいます。そのため、介護事業者は需要を満たすための単なるサービス提供者ではなく、顧客の不満、不便、不都合などの「不」（これはPain（痛み）と呼ばれます）を解消する、あるいはある程度満たされている状態でさらに高い次元で価値を提供する（これはGain（利得）と呼ばれます）といった、"新たな価値提供者"としての役割が求められるようになっていくと予想されます。こうした役割を担う上での選択肢の1つとして「保険外サービス」が挙げられるでしょう。2024年には保険外サービスの社会的認知度の向上等を目的とする「介護関連サービス事業協会」が設立されました。経済産業省および厚生労働省は同協会と連携し、地域包括ケアシステムの強化に向けて、公的介護保険の補完的役割としての保険外サービスの産業振興やサービスの質の確保に取り組むとしています。

　ここで、介護事業者が保険外サービスを提供することの経営的な意義について挙げてみます。

介護保険外サービスの基本 1
⑬ コロナ禍以降介護保険外サービスはどうなった？

・顧客ニーズへの適応

顧客の多様なニーズに柔軟に対応することができます。これにより、顧客満足度をより一層高め、顧客ロイヤルティを向上させることができます。

・競合との差別化

特定のニーズに焦点を当てたサービスや、高品質なサービスの提供など、独自の価値を創造することで、競合他社との差別化を図ることができます。

・収益の増加

高付加価値のサービスは、それに見合った価格設定が可能です。これにより、収益を増加させ、事業の成長や投資の余裕を生み出すことができます。

・収益の多角化

本業以外の新たな収益源の開拓により、収益の多角化を図ることができ、事業の安定性を高めることができます。

・事業の拡大と成長

新たな市場や顧客層を開拓し、事業の範囲や規模を拡大することで、市場シェアの拡大や企業価値の向上を実現することができます。

このように、介護事業者が保険外サービスを提供することには、いくつもの経営的な意義があります。ただし、保険外サービスの提供に際し、標準的な保険サービスとは異なる新規事業を手掛けることになるため、顧客ニーズや市場動向を見極めた上で、コンセプトやビジネスモデルを構築することが成功の鍵となります。

これを実行するためには「経営学」の知見が役立ちます。筆者が講師を行っている小樽商科大学ビジネススクールでは、介護事業者に対し「ネクストリーダーの経営学〜介護ビジネスの革新的戦略〜」という講座を開講しています。この講座では保険外サービスを含む"新規事業のプランニング"を学習課題の1つとしており、受講者は授業の中で学んだ経営学の理論やフレームワークを駆使して市場や顧客、業界や競合の分析を行い、分析結果に基づく戦略の立案から、価値を提供するためのオペレーション、組織体制のデザインまで行ってもらいます。

　保険外サービスは、介護事業者の経営的な意義にとどまらず、介護サービスにおけるイノベーションの創出や介護関連産業の成長といった観点からも重要です。読者の皆様には介護業界の"新たな価値提供者"として、保険外サービスの創出にも視野を広げていただきたいと考えます。

● **執筆者情報**
小樽商科大学ビジネススクール（専門職大学院）
准教授
藤原健祐（ふじわら　けんすけ）　MBA, Ph.D.
　医療・介護の経営人材育成を中心としたリカレント・リスキリングプログラムの開発・運営や、ヘルスケア関連事業に関わる教育・研究に従事。

② 介護保険外サービスの今

　介護保険外サービスは近年市場を拡大しており、サービスも多様化しています。また介護保険事業者や行政以外に異業種から参入するケースも増えています。本章では介護保険外サービスの市場規模や利用の多いサービス、最新動向等について解説します。

01 介護保険外サービスの今
拡大する介護保険外サービスの市場

今後、介護保険で賄えきれない高齢者のニーズに応えるため、介護保険外サービスは発展していくと予想されています。それに伴う政府や業界団体の動きについて紹介します。

◇ 新しい健康社会の実現に介護保険外サービスは不可欠

経済産業省の健康・医療新産業協議会は、「国民の健康増進」や「持続可能な社会保障制度構築への貢献」、「経済成長」の実現に向けて、ヘルスケアにおける国内外の需要を喚起し、新たな投資を促す好循環を目指す**アクションプラン2023**を策定しました。アクションプラン2023の中では、次の5つの柱で具体的な取り組みの方向を提示しています。

---

①予防・健康づくりへの投資促進
②予防・健康づくりの信頼性確保
③デジタルヘルスの推進
④イノベーション・エコシステムの強化
⑤介護領域における課題への対応

デジタルヘルスとは、デジタル技術や情報通信技術を活用したヘルスケアを意味します。今後の目標としては以下の3つを挙げています。

---

①健康寿命を2040年に75歳以上に（2016年の72歳から3歳増）
②公的保険外のヘルスケア・介護に係る国内市場を2050年に77兆円に（2020年24兆円から約53兆円増）
③世界の医療機器市場のうち日本企業の獲得市場を2050年に13兆円に（2020年3兆円から10兆円増）

2つ目の「公的保険外のヘルスケア・介護に係る国内市場を2050年に77兆円に（2020年24兆円から約53兆円増）」の目標達成には、介護保険外サービスの拡充が不可欠となります。

◆ 多様な介護保険外サービス

アクションプラン2023ではヘルスケア・介護に係る市場について、次の2つに大別しています。

①介護に関するもの

健康や医療、介護に関わる産業のうち、個人が利用・享受するサービスであり、健康保持や増進を目的とするもの、または公的医療保険や介護保険の対象外にあって患者／要支援・要介護者の生活を支援することを目的とするもの

②ヘルスケアの周辺産業

健康や医療、介護に関わる産業であっても、目的が異なるもの（例：看取りや終活）、個人が利用・享受するのではないもの（例：医療機関や介護施設の運営を支えるサービス、ヘルスケアの研究開発を支えるサービス）

介護保険外サービスは①に含まれることが多いですが、②の領域もあります。

ヘルスケア産業市場規模推計

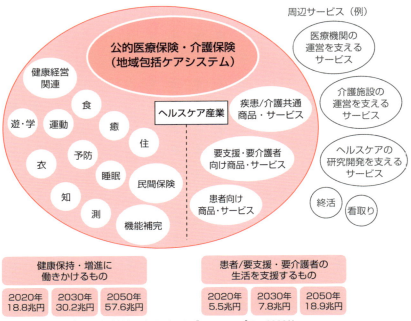

出所：経済産業省「新しい健康社会の実現に向けた『アクションプラン2023』」

　それぞれの分野の2020年から2050年に向けての伸びは次のようになります。

分野と市場規模

分野	概要	2020年	2050年
健康保持・増進に働きかけるもの	特に、医療DXや健康経営の進展により、関連業種における市場拡大や新たなサービス提供が見込まれる	19兆円	58.1兆円
患者・要支援・要介護者の生活を支援するもの	高齢化に伴い、需要は拡大。特に生活支援関連のサービスが顕著に拡大	5兆円	18.9兆円

出所：経済産業省「新しい健康社会の実現に向けた『アクションプラン2023』」

◇ 介護関連サービス事業協会の設立宣言

　介護保険外サービスに対するニーズと高まりを受け、2024年3月5日「**介護関連サービス事業協会**(英文表記：Care-related Service Business Association)」設立宣言が行われました(近日設立予定)。同協会は、公的介護保険外サービスの社会的認知度の向上、適切なサービス選択ができる環境づくり、公的介護保険外サービスへの信頼を獲得できる仕組みづくりに向けて様々な事業を推進することを目的に掲げています。

● 活動目的
　①公的介護保険外サービスの社会的認知度の向上
　②適切なサービス選択ができる環境づくり
　③公的介護保険外サービスへの信頼を獲得できる仕組みづくり

● 活動内容
　・介護保険外サービスの普及・啓発活動
　・サービス別のガイドライン策定
　・認証制度の設計・運営
　・調査研究活動
　・サービススキル向上を目的とした研修・教育プログラムの開発・実施
　・労働環境改善に向けた検討や従業員からの相談窓口の設置

● 団体設立準備企業
　団体設立の準備企業としては、次のような介護保険外サービスを展開している事業会社が名を連ねています。
　イチロウ株式会社、株式会社クラウドケア、株式会社シニアライフクリエイト、株式会社シルバーライフ、SOMPOケア株式会社、株式会社ダスキン、株式会社チェンジウェーブグループ、株式会社ツクイ、株式会社やさしい手、ワタミ株式会社

02 介護保険外サービスの今
利用が多いサービスの内訳は？

介護保険外サービスには介護保険制度による提供内容・範囲の制限がなく、様々なサービスが存在します。実際にはどのようなサービスがよく利用されているのでしょうか。介護家族向けのコミュニティサイト「安心介護」の集計結果を見てみましょう。

◆ 介護保険外サービスを知っている人の割合は

「介護保険外サービスを知っていますか?」という質問に対して「知っている」と回答した人は 55.8％。半数以上の方が「介護保険外サービス」の存在を認識しているという結果となりました。介護保険外サービスを知っている」と回答した方のうち「利用している」と回答した人は 36.4％。半分以上の方が介護保険外サービスの利用経験がないことがわかりました。

介護保険外サービスの認知・利用状況

Q. 介護保険外サービスを知っていますか？

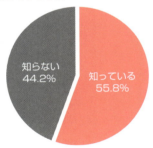

Q. 介護保険外サービスを利用されたご経験はありますか？

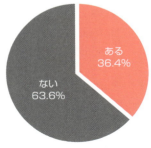

出所:株式会社エス・エム・エス「あると便利な介護保険外サービス。みんなは利用する？よく使われるのは○○」

介護保険外サービスの今
02 利用が多いサービスの内訳は？

◆ 最もよく利用されているのは食事宅配サービス

　どんな介護保険外サービスを利用したという選択肢に対しての回答で最多となったのは、食事の**宅配サービス**です。高齢になると食事の用意が難しくなったり、普通の食事が噛めなくなったり飲み込めなくなったりする傾向があります。健康な家族の食事と別のものを用意しなければならないので同居する家族は大変です。宅配サービスは、こうした負荷を軽くしてくれます。また、食事宅配サービスは、配達の際に高齢者の安否確認を兼ねる役割も担っています。食事を手渡しで利用者に届け、その際に「特にお変わりありませんか？」などと声をかけて、利用者の皆様の様子を確認することになっているからです。行政の指定配食業者として認定されることで、配食兼見守りサービスとしてケアマネジャーの認知度も高くなり、紹介が得やすくなります。

　宅配事業については、新型コロナウィルスの影響下でも堅調に推移しました。最近では、商社が新規参入するなど注目が高まっています。実態はフランチャイズによる個人配食と介護施設向けの配食の両輪モデルとなっています。**凍結含浸法**という、有益な物質（酵素、栄養成分、調味料など）を食品素材内部に急速導入する技術を用いた高価格商品も誕生しました。

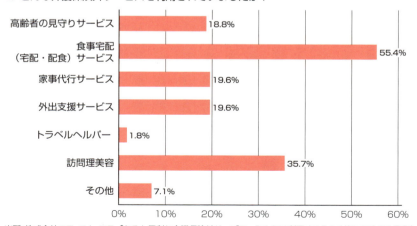

利用の多い介護保険外サービス

Q. どんな介護保険外サービスを利用されていましたか？

- 高齢者の見守りサービス　18.8%
- 食事宅配（宅配・配食）サービス　55.4%
- 家事代行サービス　19.6%
- 外出支援サービス　19.6%
- トラベルヘルパー　1.8%
- 訪問理美容　35.7%
- その他　7.1%

出所：株式会社エス・エム・エス「あると便利な介護保険外サービス。みんなは利用する？よく使われるのは○○」

◇ 次に多いのは訪問理美容

　訪問理美容は、自宅に理容師・美容師を呼び、散髪等をしてもらうことができるサービスです。散髪には身だしなみを整える以外にも、心身のリフレッシュになったり、日々の活力にもつながったりします。自宅にいながらプロに頼める訪問理美容は、外出が難しい場合にはありがたいサービスといえるでしょう。また事業者側の視点でも介護保険の適用施設や通所サービスと提携することにより、固定客を掴みやすいというメリットがあります。

　現状では「食事の準備」や「散髪」など日常生活の中のピンポイントな困りごとに対して介護保険外サービスを活用されている方が多いといえます。

◇ 安定した需要がある家事代行と外出支援

　3番目には、家事代行と外出支援が同率で並んでいます。いずれも介護保険のサービスでは、賄うことができない利用者のニーズに応えている分野です。訪問介護の生活援助には、料理、洗濯、掃除といったサービスがありますが、利用者にのみに提供できるサービスであり、同居する家族の分まで提供することはできません。また家事代行は、介護事業所以外にもサービスを提供している事業者はいますが、介護事業者が提供する家事代行サービスは、介護の資格を持ったスタッフが来てくれることも多いため、自費の介護も合わせて頼めるというメリットがあります。

　外出支援も利用者の通院に対しては付き添うことはできますが、お墓参りや冠婚葬祭への参列など私的な外出の付き添いは訪問介護のサービス対象外となります。趣味や散歩の付き添いなどにも対応してくれる事業者もあります。

03 介護保険外サービスの今

介護保険外サービス最新動向

宅配事業や訪問利用以外で昨今、注目されている介護保険外サービスについて紹介します。

◆ 近年増加している「自費の訪問介護・看護」

　介護保険サービス内では提供が難しいサービスを、専門的な資格を持った職員が保険適用外で提供します。主な用途としては、公共交通機関、自家用車などでの移動やお盆、正月、家族の集まりなどのイベント時の一時帰宅、在宅での看取り期における自宅での長時間同行等です。数年前には大都市部を中心にしか見られなかったサービスですが、現在はその範囲も広がってきており、自費の訪問介護・看護の認知度も徐々に向上しています。生活に密着しているため、高いニーズがあります。

　ただし単価は地域によって大きく異なり、地方部では5,000 〜 6,000円/時間程度であるのに対し、主要都市圏は 10,000円/時間を超える場合も多くあります。このあたりは地域性を鑑みた料金設定を行うことが必要となるでしょう。また、従来の自費訪問介護・訪問看護は、介護保険で対応できない事項に対してオーダーメードの介護と看護を提供するというのが主流でしたが、徐々に内容の差別化が進んでいます。通常のサービスに加えて、定期的な電話連絡による服薬確認を定額サービスとして提供する例や家事代行も請け負う例、無料会員登録を行った利用者に限定して夜間・延長・看取りサービスを提供する例等、新サービスの開発や差別化を通じて利用者確保を図る動きが出てきています。

　介護保険事業においても**看護師**は重要な資格となり、顧客も従来事業と重なりますので、今後、介護事業者による自費の訪問介護・看護の提供は増加していくものと考えられます。しかし、介護保険のサービスと比較すると高単価であることから、ケアマネジャーへの浸透には時間がかかると思われます。介護保険と異なり制約がなくなることによる、サービスの線引きの難しさもありますので、スタッフの教育がカギとなります。

| 自費訪問看護事業（首都圏） |

✓ 用途（保険適用されない項目）

- ▶ 公共交通機関、自家用車などでの移動
- ▶ お盆、お正月、家族の集まりなどのイベント時の一時帰宅
- ▶ 国内外の家族旅行、親戚、友人宅訪問
- ▶ 自宅での 24 時間サービス等

✓ 単価と費用（都市部の例）

種別	時間	費用
保険内	30 分以上 1 時間未満	821 単位／回
保険外	1 時間	9,800 円／時間
	2 ～ 3 時間	7,500 円／時間
	4 時間以上	6,000 円／時間

出所：スターパートナーズ作成

◆ 自費の「リハビリテーション・機能訓練事業」

　保険内で受けられる以上の質・量を求めて利用されるリハビリサービスに
なります。要介護者ももちろん対象となりますが、改善のために努力を続け
たいという方も対象になります。介護保険のサービスと併用して提供するこ
ともできます。自費の訪問介護・看護と同様、全国的に数を増やしてきており、
大都市圏のみならず地方部でも開設が進んでいますが、あまり提供されてい
ない県も複数あります。単価は自費の訪問介護・看護と比較するとやや高く、
地域にもよりますが、**理学療法士**や**作業療法士**、**言語聴覚士**といった国家資
格を持ったセラピストとマンツーマンでの施術を 1 時間以上行うことで、概
ね10,000 ～ 20,000円/時間となります。

◆ 介護業界に特化した「士業事務所」

　「老後の心配」に特化したサポートを行っている士業法人もあります。地域包括支援センター主催のネットワーク会議等に定期的に参加することで地域専門職との関係性を構築。一般社団法人と連携し入院から亡くなったあとの事務手続きまで通貫して委託されているケースなどがあります。また「遺言書の作成支援」や「成年後見の相談」など相続や生前整理の相談に対応している法人もあります。

【介護業界に特化した士業事務所の業務内容例】

・入院(入所)手続きの代行

・入院(入所)に係る家族との調整

・毎月の費用の支払いの代行

・委任契約書の作成支援

・任意後見契約書の作成支援

・遺言書の作成支援

・尊厳死宣言の相談

・成年後見の相談

・葬儀の手配・喪主代行に係る手続き

・死後事務委任契約書の作成支援　　　　など

---

04 介護保険外サービスの今

異業種からの参入は
どのくらいある？

介護保険外サービスに関する注目と期待が高まる中、介護保険事業者や行政以外に参入する民間企業が増えています。業種別にその事例を紹介します（参考：「地域包括ケアシステム構築に向けた公的介護保険外サービスの参考事例集」）。

◇ コンシェルジュサービス

　家事代行・生活支援サービスの一種です。複数ある生活支援サービスの中から、必要な項目を組み合わせ、自分のライフスタイルに合った包括的なサービスを受けられます。例えば、株式会社クラッシーの生活総合支援サービスでは、お料理コンシェルジュ、お掃除コンシェルジュ、介助コンシェルジュなど複数のサービスから選ぶことができます。

◇ 見守りサービス

　救急と日常の両方の安全を提供します。公的介護保険外サービスの参考事例集では、セコム株式会社の365日対応の救急見守りサービスが紹介されています。このサービスでは、GPS付き専用端末が配布され、救急時には端末を握るだけで通報ができ、緊急対応員が現場に急行します。日常見守りサービスでは、廊下やトイレ前などの生活導線にセンサーを設置し、センサーに一定時間動きがない場合は、異常信号を送信し担当対応員が確認に駆けつけます。

◇ 寝具衛生加工サービス

　家事代行・生活支援サービスの一種で、自宅の寝具を預かり、専用機器で「水洗い」または「乾燥・消毒」を行うサービスです。公的介護保険外サービスの参考事例集では、アースサポート株式会社の寝具衛生加工サービスが紹介されています。

◇ トラベルヘルパーサービス

　外出支援サービスの一種で、旅行の介助に付き添うサービスです。身体機能の低下などを理由に、長距離の移動や旅行をあきらめている高齢者やその家族もいるでしょう。トラベルヘルパーサービスでは、身体状況や旅行の参加者の構成、移動手段など利用者ごとに異なる状況に対して、安心して外出できるよう支援します。公的介護保険外サービスの参考事例集では、株式会社エス・ピー・アイの介護旅行サービスが紹介されています。

◇ シニアセラピー

　「シニアセラピー」は、ALSOK介護株式会社が提供するリラクゼーションサービスです。高齢者向けにアレンジした「リンパドレナージュ」(足裏療法)により、足や顔に心地よい刺激を与え、「心と身体の両面」の健康を目的としています。

◇ 身元保障サービス

　老人ホーム入居時や病院入院時の身元保証人を請け負うサービスです。身元保証に必要な入会金のみに限らず、家事代行や葬儀、納骨等の死後事務にかかる費用を段階的に償却していくことで高単価を実現するモデルです。比較的新しい事業モデルで、近年全国的に増加しています。

05 介護保険外サービスの今
介護保険外サービスに利用者が求めているもの

利用者にとっても介護保険では賄えないサービスを高齢者に提供することにより健康寿命を伸ばす効果もあります。札幌市が実施したインターネット上でのアンケート調査「「介護サービスの利用」に関するアンケート」の結果を基に深堀していきます。

◇ 介護保険のサービスの補完として

介護保険サービスは、サービス内容が介護保険制度の枠内のものに限定されています。また、介護認定を受けていない比較的元気な高齢者には、介護保険サービスは提供ができません。こうした状況から利用したい上位には、家事援助・家事代行、食事提供・宅配などのサービスが占めています。

利用したいサービスに関するアンケート

Q. あなたや介護・介助が必要なご家族は、次のような介護保険外サービス（自費サービスを含む）で利用したことはないが利用したいと思うものはありますか。あてはまるものをすべてお選びください（いくつでも）。

	回答数 (n)	割合 (%)
① 家事援助・家事代行	132	27.5
② 食事提供・宅配（弁当宅配など）	134	27.9
③ 買い物支援	108	22.5
④ 見守り・安否確認・コミュニケーション	114	23.8
⑤ 緊急時対応・駆けつけ	132	27.5
⑥ 各種相談対応・サービス紹介	44	9.2
⑦ 運動・フィットネスサービス	50	10.4
⑧ 認知症予防・重症化予防サービス（理学療法・心理療法等）	64	13.3
⑨ 認知症の方の見守り・付き添い	75	15.6
⑩ 移動・外出支援	82	17.1
⑪ 訪問利用・訪問美容・訪問化粧	48	10.0

	回答数（n）	割合（%）
⑫ 趣味・楽しみ・コミュニティ（カルチャー教室など）	52	10.8
⑬ 介護保険外（自費）のリハビリ	22	4.6
⑭ 介護旅行・ユニバーサルデザイン旅行	18	3.8
⑮ 介護相談（ご家族向けの相談）	53	11.0
⑯ 仕事と介護の両立支援	37	7.7
⑰ 遠距離介護サポート	34	7.1
⑱ 除雪	101	21.0
⑲ 日常の困りごと（電球交換、ゴミ捨て等）	72	15.0
⑳ この中にはない	154	32.1

出所：札幌市「『介護サービスの利用』に関するアンケート」

◆ 認知症予防や健康寿命を延ばすためのサービスにも関心がある

　「認知症予防・重症化予防サービス（理学療法・心理療法等）」や「認知症の方の見守り・付き添いサービス」なども高い関心があることがわかります。厚生労働省の資料によれば、2025年には高齢者の5人1人の700万人が認知症になると予想されています。医学的にその原因や予防策がまだ解明されていない状況があるからこそ、その対策に強い関心が寄せられているのかと思われます。

　また「運動・フィットネスサービス」も10％を超える回答を集めています。高齢者は転倒による骨折などから外出や人との交流が制限されるようになったことが要因で認知症になるケースが多いため、転倒予防のためにも運動やフィットネスサービスは人気があるのでしょう。

◇ 介護保険外サービスを利用したいと思っている人は7割を超える

「介護保険外サービスを利用したいと思いますか?」という質問に対しては、「利用したい」(17.7%)、「どちらかというと利用したい」が56.0%、合わせると約75%の人が利用したいという意向を示しています。

利用の意向に関するアンケート

Q. あなたは、介護保険外サービス（自費サービスを含む）を利用したいと思いますか。

	回答数（n）	割合（%）
① 利用したい	85	17.7
② どちらかといえば利用したい	269	56.0
③ どちらかといえば利用したくない	69	14.4
④ 利用したくない	57	11.9
全体	480	100.0

出所：札幌市「『介護サービスの利用』に関するアンケート」

◇ 情報取集にはネットを活用

あなたは介護保険外サービスを受けるにあたり、どのようなところから主に情報を集めていますか?（複数回答可）という質問に対して一番高かったのは、意外にもインターネットによるものでした。高齢者はネットを使わないという思い込みは捨て、ホームページの充実などの対策は必要です。そのほか、市の広報紙、パンフレットといった紙メディアが続いていますが、これは紙媒体というよりかは、行政の発行している資料に対する信頼感によるところが大きいでしょう。

介護保険外サービスの今 **2**
⑤ 介護保険外サービスに利用者が求めているもの

情報収集に関するアンケート

Q. あなたは介護保険外サービス（自費サービスを含む）を受けるにあたり、どのようなところから主に情報を集めていますか。あてはまるものをすべてお選びください（いくつでも）。

	回答数 (n)	割合 (%)
① 担当するケアマネジャー	44	9.2
② 地域包括支援センター	28	5.8
③ 介護予防センター	9	1.9
④ 生活支援コーディネーター	9	1.9
⑤ 市の広報誌、パンフレット	67	14.0
⑥ 市の窓口（区役所・保健センター・まちづくりセンターなど）	33	6.9
⑦ 介護サービスの担当者（介護士や看護師など）	14	2.9
⑧ 病院など医療機関	36	7.5
⑨ 勤務先	8	1.7
⑩ 友人・知人・家族・親戚	45	9.4
⑪ 町内会（回覧を含む）	26	5.4
⑫ 民生委員	5	1.0
⑬ 福祉のまち推進員	4	0.8
⑭ 老人福祉センター	4	0.8
⑮ 新聞・雑誌・テレビ・ラジオ	48	10.0
⑯ インターネット	71	14.8
⑰ SNS（Facebook、Twitter（現 X）、LINE 等）	9	1.9
⑱ チラシ・広告	13	2.7
⑲ 特に入手していない	294	61.3
⑳ その他	3	0.6

出所：札幌市「『介護サービスの利用』に関するアンケート」

06 介護保険外サービスの今

介護保険外サービスの
事業者の実情

介護保険外サービスは、事業者にとって収益性の向上が期待できるため、介護職員の
賃金やモチベーションのアップに繋がります。メリットがある反面、クリアすべき課題
も残っています。

◆ サービスを手探りで作っている

　介護保険内のサービスのように、利用者に提供するサービスに関するガイ
ドラインがないため、価格設定や設備などを含め手探りで実施している状況
です。もちろん、介護事業所であれば既存の介護保険のサービス、異業種
であればそれまでの顧客を対象に培ってきたノウハウは持っています。とは
いえ、介護保険のルール外の自由競争の世界では勝手が異なります。異業
種からの参入企業にとってもユーザー層が異なるのでニーズを掴みきれない
部分があります。こうした状況のため、各社必要なサービスを構想し手探り
で実施しています。

◆ サービスを認知させるのに時間がかかっている

　1章で述べたように介護保険外サービスのさらなる普及促進に向けては、
要介護高齢者等との接点となり、かつ高齢者にとって各種サービスの主要な
情報提供者となっているケアマネジャーや地域包括支援センター職員、市町
村職員等が適切なサービスを認識し、紹介していくことが重要です。しかし、
要介護者等の家族とケアマネジャー等の間の介護保険外サービス活用意向に
ギャップがあり、ケアマネジャー等の介護保険外サービス活用意向が家族と
比較して高くないというケースも見られます。また少人数で運営している事
業者も多いために、サービスの告知が必要であることを認識しても対応でき
る人員が限られることも課題です。

◆ 契約書は不可欠

　あとになって話が違っていたと揉めないために、サービスを提供する前、利用者とサービス内容と料金を明示した契約書を結ぶ必要があります。厚生労働省では、介護保険外サービスの契約書の詳細な雛形を公開していないため、事業者が独自に作成しなければなりません。契約書を締結しないでサービスを提供すると利用者とトラブルが起きやすくなるだけでなく、介護保険サービスとの違いを説明しなかったという理由で行政の指導を受けてしまうリスクもあります。

　契約書には下記の内容を盛り込み、契約を結びましょう。

・保険給付対象サービス(指定訪問介護)と明確に区分されていること
・介護の事業とは別事業で、介護保険給付の対象とならないサービスであること
・保険給付の範囲外のサービス(保険で行われないサービス内容)であること
・提供するサービスの内容と時間帯など
・価格　　　　　　　　　　　　　　　　　　　　　　　　　　　　　　など

◆ 賠償保険への加入を検討

　介護保険制度に基づいた事業運営では、万が一の場合にも、ケアマネジャーや行政などが相談に乗ってくれます。介護保険外サービスは、企業と個人の契約となり、事故が発生した際に事業所がすべての責任を持つ必要があります。そのため、介護保険外サービス中の賠償事故に対応できる保険への加入も必要です。

◇ 混合介護が可能な状況を活かしていく

　　介護保険外サービスの事業者には、様々な課題があります。それでも恵まれている面もあります。医療保険の場合、**保険診療**と**保険外診療**の併用は原則として禁止されており、保険で認められた治療法と認められていない治療法を併用すると、治療自体が保険外の自由診療とされ、利用者は全額自己負担します。

　　一方で介護保険制度では、介護保険サービスと介護保険外サービスを組み合わせて提供できるようガイドラインが整備されている部分もあるので、併用する場合において介護保険外サービス部分のみを全額自己負担する混合介護が可能です。したがってサービスが認知されれば、より多くのユーザーに利用される可能性を秘めています。

混合介護提供の根拠

✓ 平成 30 年の老推発 0928 第 1 号等「**介護保険サービスと保険外サービスを組み合わせて提供する場合の取扱いについて**」にて示されている
✓ 下記事項は規定があるので詳細は通知を参照

ケース	提供の形式
訪問介護との組み合わせ	①訪問介護の対象とはならないサービスを利用者本人に提供 ②同居家族に対するサービスの提供 ※利用者本人分の料理と同居家族分の料理を同時に調理するといった、訪問介護と保険外サービスを同時一体的に提供することは認めない
通所介護との組み合わせ	①事業所内において、理美容サービス又は健康診断、予防接種若しくは採血を行うこと ②利用者個人の希望により通所介護事業所から外出する際に、保険外サービスとして個別に同行支援を行うこと ③物販・移動販売やレンタルサービス ④買い物等代行サービス
通所介護を提供しない時間の事業所の活用	①通所介護事業所の設備を、通所介護サービスを提供していない時間帯に、地域交流会や住民向け説明会等に活用すること。 ②通所介護事業所の人員・設備を、通所介護サービスを提供していない夜間及び深夜に、宿泊サービスに活用すること。
通所介護を提供する時間帯の保険外サービスの提供	①両サービスの利用者が混在する場合 ②通所介護と保険外サービスの利用者が混在せず、通所介護とは別の時間帯や、別の場所・人員により、保険外サービスを提供する場合

2 介護保険外サービスの今
06 介護保険外サービスの事業者の実情

COLUMN 脳卒中の後遺症治療の現状と今後について

医療法人 田中会 副理事長

リハビリテーション科専門医

医師　田中 慎一郎

● 入院中と退院後では大きく変わってしまうリハビリの量と質、目的

　本コラムでは、現在の脳卒中患者のリハビリテーションの環境について説明します。まず発症直後はいわゆる急性期病院で治療が行われます。急性期病院では脳卒中の治療が目的となりますので、治療が終わって全身状態が安定するとリハビリが始まります。幸いにも後遺症が軽ければ急正規病院でのリハビリを終えて自宅に戻れる患者様もいらっしゃいます。残念ながら治療後に麻痺や高次脳機能障害などの後遺症が残存する場合はそのままの状態では自宅に戻ることができないため、リハビリを目的とした回復期病院へ転院してリハビリを中心とした入院生活が始まります。私自身は回復期病院で働いており、リハビリテーション科の医師としての役割も大きなものになります。

　回復期病院では、まず、その患者様の後遺症の評価からスタートします。これはどのような障害がどの程度残っているか、どれくらいの回復が見込めるかなどを正しく把握することです。後遺症の程度は患者様によって様々なため、評価はリハビリ計画を立てる上で重要です。期間限定ではありますが、回復期病院に入院中は医療保険で十分なリハビリが受けられるシステムになっており、この期間内は「家や施設、つまり社会に復帰するための身体機能の改善」を目的とし、毎日最大3時間療法士とマンツーマンでリハビリを受けることができます。

　退院後は、介護保険を利用してリハビリを受けることはできますが、時間は激減し目的は「身体機能の維持」に変わります。リハビリも集団で行われることが多く、量的にも質的にも回復期病院で受けていたリハビリと比較すると物足りなく感じられることが多いと思います。

本来、リハビリは質の高い訓練を継続し、「できることを増やす」ことを目標にするべきなのですが、退院後の介護保険では入院時のような手厚いリハビリは受けられません。充実したリハビリを受けたくても受けられない、これがいわゆる「リハビリ難民」です。

　ここで問題なのは、障害がある人はない人よりも体の機能低下が速いことです。麻痺がある人は関節が固まりやすく、筋力低下も早いため、継続的かつ専門的なリハビリや運動が生涯にわたって必要です。退院後の人生の方がはるかに長いので、リハビリの充足はとても重要で、それを患者様の意思で行える場所の提供も大きな課題だと考えます。

• 脳卒中後遺症のリハビリで大切なポイント

　これはリハビリ専門医としての私見ですが、機能回復に最も大切なのは患者様本人のやる気です。どんなに最先端の治療やリハビリを受けたとしても、本人の回復する意思がないと中々機能回復は起きません。次に大事な要素はリハビリの「量」ではないでしょうか。その上に「質」の高いリハビリが重なることで効果が高まると考えています。そしてそれを毎日続けることだと思います。

　「質」に欠かせないのは、その患者様が何に困っていて、どのような後遺症があるのかを正しく評価することができる「人」の存在です。本来は、リハビリ科の主治医や担当の療法士がこの役割を担うべきですが、現状の保険制度ではこれは難しく、現実的ではないと言わざるを得ません。また、退院後のかかりつけ医は内科医である場合がほとんどで、リハビリは専門外であるためなかなか相談する場所がないというのが現実です。それでも、自分や身体のことをよく把握した上で、リハビリのトレーニングを組んでくれるような「人」のサポートは必要だと思います。正しく「評価」ができる医療従事者が望ましいですね。

退院後のリハビリテーションは、40歳未満の方は介護保険の利用範囲外となりますので、外来で医療保険のリハビリを週1回受けるという選択肢があります。しかし病院によっては外来リハビリを実施していない、もしくは疾患を限定して実施していることもあるため、事前に病院へ確認が必要です。介護保険を利用する場合は、リハビリに力を入れている短時間型などの通所リハビリテーションなどもあるため、内容をよく吟味した上で利用するのもいい方法です。最近では、「保険外リハビリ」や「自費リハビリ」と呼ばれる保険の枠組みを超えたリハビリ施設もあります。患者様が困っていることを把握した上で目標に向かうプログラムを組んでくれるので、良き理解者としてサポートを受けられるかもしれません。自分に合うかどうか選定は難しいですが、ネット上の動画やSNSで情報収集し、自分の症状と照らし合わせ、自宅でトレーニングに取り組むのも1つの方法だと思います。

・退院後でも改善した事例

症状の軽減や改善事例は多くありますが、事例に共通しているのは、本人のやる気があることと試行錯誤を行っているという点です。逆に自発性がない場合には、機能が下がるケースが多いようです。これは障害を自分やご家族が受け入れているかどうかが大事だということです。入院先の病院で麻痺は治らないので諦めてくださいと言われることもありますが、重度の片麻痺が残っていても、歩けるようになりますし、自分で日常生活を送れるようにもなります。車の運転ができるまで回復される方もいます。取り組み次第で、機能は上向きにできると考えて欲しいですね。

より前向きなリハビリが望まれる一方で、保険制度による制限がある現状は、リハビリ専門医として非常に悩ましくあります。当院での自主トレは、その限界への挑戦でもあります。また最近では、保険制度の枠組みを超え、時間的な制約がなくリハビリが受けられるサービスが、ここ九州においても広がりを見せています。これらのサービスは「保険外リハビリ」と呼ばれ、九州では5年程前に登場し注目を集めています。

介護保険や医療保険で利用できるリハビリは、機能維持を主目的としているのですが、保険外リハビリが拡大してきた背景には、維持以上の回復を強く望まれる患者様の声があるのだと感じます。今後は医療機関との連携を強化し、患者様に関する情報が共有されるなど整備が進めば、充実していく分野だと期待しています。

• 保険外リハビリは、オーダーメードのプログラム
　退院後も本気でリハビリが可能

　数名の「保険外リハビリ」の療法士に関わらせていただきましたが、患者様の身体機能回復に対する強い熱意をもった方が多い印象です。サービス内容は個々の施設ごとに異なりますが、回数や時間・内容に制限がなく、退院後も本気でリハビリができる施設という印象です。脳卒中の後遺症に特化しているだけではなく、個々の症状に応じた「オーダーメイド」のプログラムを作成・提供しています。このような、一人ひとりに合わせたリハビリの提供の仕方は『脳卒中ガイドライン (2015)』においても奨励されています。

　いまリハビリに取り組んでいる方には、とにかく諦めないでいただきたいです。なかなか成果が出ず苦しいときもあると思いますが、リハビリは兎にも角にも、継続が一番大切です。そして医療従事者の良き相談者を見つけていただきたいです。入院時の主治医、専門の療法士や、退院後のリハビリステーションの療法士など、安心できる相談者と常につながっておいてほしいと思います。また、ご家族の方には、まず障害の理解とご本人ができることとできないことを正確に理解していただきたいです。そこに誤解が生じると、トラブルになったり、患者様の気持ちが前向きでなくなったりすることも多いのです。退院後のリハビリについては、保険外のリハビリステーションなども最近では増えてきていますので、1つの選択肢として知っておくこともよいかと思います。良き理解者との出会いがあれば、なお良いですね。

介護保険外サービスの今
06 介護保険外サービスの事業者の実情

- **執筆者情報**

医療法人田中会 副理事長
一般社団法人ユニバ 代表理事
リハビリテーション科専門医
田中 慎一郎（たなか　しんいちろう）

　リハビリテーション科の医師として病院勤務しつつ、(一社) ユニバ代表として障害と向き合って生きるすべての人を豊かにするという理念のもと、YouTube配信やパラスポーツフェスタ、インクルーシブイベント主催などをライフワークとして活動している。

脳梗塞・脊髄損傷に対する新たな選択肢：
『狙った神経回路を同時刺激する神経再生医療』

ニューロテックメディカル 株式会社
代表取締役 医師
貴宝院　永稔

・脳卒中や脊髄損傷による神経障害について

　脳卒中は世界中で年間約1500万人が発症し、そのうち約500万人に後遺症が残るといわれています。また、脊髄損傷においては、一般的な統計によると、受傷者数は世界中で年間約25万人から50万人にものぼります。一度、脳や脊髄といった中枢神経障害を起こすと改善するのが非常に困難で、多くの方に障害が残存し、以前のような日常生活が送れず苦しまれているのが現状です。本コラムではこのような方を対象とした保険外サービスの事例の一つとして、当社がサービス提供を行っている神経再生医療について紹介します。

・神経再生医療の概念とは

　再生医療は、損傷した細胞や組織、臓器を修復または再生する医療技術です。特に注目されているのは、幹細胞や幹細胞が出す液性因子を利用した治療法です。幹細胞は特定の条件下で様々な種類の細胞に分化する能力を持っていますが、加齢や中枢神経障害により治癒力が低下します。そのため、治癒力を高め、狙った神経回路を反復運動することで、障害が起きた神経回路の伝導を良くし、新しい神経回路を再構築することが求められています。

- 『狙った神経回路を同時刺激（リハビリテーション）する神経再生医療』の有効性

　神経再生医療の進歩は、特に脳卒中や脊髄損傷などの重大な神経障害を持つ患者にとって、新たな希望をもたらしています。当社では、『狙った神経回路を同時刺激（リハビリテーション）する神経再生医療』を提唱しています。狙った神経回路の治癒力を高めるためには、幹細胞や幹細胞が出す液性因子を投与するタイミングで、狙った神経回路を磁気刺激、電気刺激、振動刺激し、反復運動することが重要です。これにより、以下の効果が期待できます。

　　①代償部（損傷部を代償する神経回路）の神経伝導を良くする。
　　②代償部の血流を増やし、幹細胞や液性因子が集積しやすくする。
　　③代償部の活性化を促進する。

　このプロセスにより、"0"になった神経回路の機能が"1"となり、その後のリハビリテーションの効果を後押しします。繰り返し狙った神経回路を反復運動することで神経回路が強化され、後遺症が軽減されることが期待できます。

- 実際の成果と症例

　『狙った神経回路を同時刺激（リハビリテーション）する神経再生医療』は、全国の脳梗塞・脊髄損傷クリニックにて実施されています。これまでに幹細胞点滴600件以上、サイトカインカクテル10000本以上、経頭蓋的磁気刺激療法（TMS）1000件以上の実績があり、安全性と効果を確認しながら治療の症例報告が行われています。例えば、脳卒中を対象とした研究では、幹細胞治療中にリハビリテーションを併用した患者が、リハビリのみを行った患者と比較して、運動機能および高次脳機能の向上を示しました。また、当社は関西医科大学、慶応大学、岡山福祉医療大学、長崎大学との共同研究により、同時刺激リハビリテーションの最適化と神経再生医療の進化に向けて取り組んでいます。

・リニューロバンクと献細制度に関して

今後、『狙った神経回路を同時刺激（リハビリテーション）する神経再生医療』のさらなる進化を目指し、リニューロバンクと献細制度を開始しました。リニューロバンクは、自己の幹細胞をあらかじめ採取し保管しておき、神経障害になった時に治療に使用する幹細胞バンキング制度です。献細制度は、健康なボランティアのドナーから各種細胞の提供を受け、神経再生医療の研究開発および治療に使用させて頂く制度です。これにより、適した細胞材料を迅速に提供し、治療コストを削減し、治療の遅延を最小限に抑えることが可能となります。

・神経再生医療のご相談に関して

神経再生医療に関するご相談や詳細についての情報は、脳梗塞・脊髄損傷クリニックの窓口までお問い合わせください。専門のスタッフが皆様のご質問にお答えし、最適な治療法をご提案いたします。

※詳細は公式サイト（https://neurotech.jp/）をご確認ください。

保険外の神経再生医療サービスの例

③ 介護保険外サービスの種類

　介護保険外サービスには、リハビリテーションや認知症ケア、家事支援など様々な種類があります。本章では主なサービスの概要と特徴とともに、新規参入の難易度・競合の多さ・採算性についても紹介します（5段階評価で、★が多いほど、難易度が高い・競合が多い・収益確保が難しいという評価になります）。

01 介護保険外サービスの種類
リハビリテーション・機能訓練

年齢が上がるにつれ病気や怪我をしやすくなりますが、予防や改善の為のためのリハビリテーション・機能訓練は重要です。介護保険や医療保険の限度量より"もっと実施したい"というニーズがあります。

◆ 医療・介護保険を使ったリハビリテーション・機能訓練は制限がある

　病院で行うリハビリテーション・機能訓練は、医療保険や介護保険によって日数などが定められています。病院でのリハビリテーション・機能訓練が終了したあとは、介護老人保健施設に入所したり、デイサービス・デイケアに通所したりするなど、医療保険から介護保険の流れでリハビリテーション・機能訓練を継続します。しかし、保険適用でのリハビリテーション・機能訓練は量や時間に制限があり、集団的なプログラムが多いです。そこで登場するのが「自費でのリハビリテーション・機能訓練です。保険適用外であるため、自分が納得のいくまでリハビリテーション・機能訓練を続けられます。

◆ 「自費のリハビリテーション・機能訓練」の需要は全国的に増えている

　自費のリハビリテーション・機能訓練を行う介護事業者は、数を増やしてきています。高齢者にとっても選択肢の1つとなりつつあるサービスです。単価は自費の訪問介護・看護と比較すると高額で、地域にもよりますが、理学療法士や作業療法士、言語聴覚士といった国家資格を持ったリハビリ職種とマンツーマンでの施術を行う場合は、概ね60分10,000円以上 となります。自費のリハビリテーション・機能訓練サービスは、日本総合研究所による「高齢者向け住まいにおける介護保険サービスと介護保険外サービスの実態に関する調査研究(令和2年度 老人保健事業推進費等補助金)」(筆者も有識者として参加)にて、事例として掲載されています。

スタッフの採用にも効果がある

　退院後の生活期のリハビリテーション・機能訓練を提供できることから、自費のリハビリテーション・機能訓練のスタッフは「より利用者の希望に沿った施術を提供したい」という志を持った人が多く、経験・技術ともに一定の水準を超えた人の割合が高いです。介護保険事業とのシナジーという面で考えると、顧客層が一部重なることに加えて、リハビリ職等の専門人材の活躍する領域として位置付けられます。

　既存事業の管理者として勤務していたスタッフが兼務で勤務したり、従来の事業所に併設したりする形で開設し、介護事業の兼務としてスタッフを募集し成功した事例もあります。後者の場合、介護事業との兼務かつ介護事業所の一部を間借りできれば、想定よりもはるかに小さい初期投資で始められ、かつ高度専門人材の確保にもつながることが期待できます。こちらも非常に介護保険事業とシナジーの高い介護保険外サービスであるといえるでしょう。

自費のリハビリテーション・機能訓練サービス	
新規参入の難易度	★★★★
競合の多さ	★★★
収益確保の難しさ	★★★★

02 介護保険外サービスの種類

認知症ケア

第2章でも述べましたが、今後、認知症患者は増える見込みです。認知症患者の家族のケアから予防まで幅広くサービスが用意されています。

◆ 65歳未満でも認知症になる

認知症は前兆、初期、中期、末期と症状が進行していき、重度化するにつれて様々な症状が現れるようになります。進行が進むと記憶が保てないため、日常生活に支障をきたし、自立した生活は難しくなります。初期の段階でも単なるもの忘れのレベルではなく、直前の出来事を忘れたり、同じことを何度も聞き返したりするようになります。頻繁に物をなくしたり、またはおかしな場所に置き忘れたり、日常作業をこなすのに時間がかかったり、判断力の低下がみられるようになります。

一般的に認知症は65歳以上から発症することが多いですが、65歳未満の現役世代の人でもなることがあります。これを**若年性認知症**といいます。2020年3月に厚生労働省から発表された資料によると、全国の若年性認知症の数は3.57万人と推計されています(参考：若年性認知症実態調査結果概要(R2.3))。

◆ 認知症の家族を見守る負担は大きい

初期の段階でも認知症になった人の家族は、不安が大きいと思われます。「留守にしている間に火の不始末などを起こしたらどうしよう」「1人で外出してしまったらどうしよう」などと考えると仕事に手がつかなくなる人もいるでしょう。仕事と介護の両立は、介護者である家族のみならず雇用主である企業等にとっても、課題となっています。

こうした問題について総合的にサポートするサービスもあります。例えば、一般社団法人アンクルでは、「見守りキーホルダー」をサービス登録者に配付しています。これにより、外出先での急な変調があった際や救急搬送された際に、事前に登録した医療機関や警察等へ情報提供を行い、家族等へ連絡できる体制の構築を目指しています(参考：株式会社日本総合研究所「QOLを高める保険外(自費)サービス活用促進ガイド」2020年3月)。

介護保険外サービスの種類 **3**
❷認知症ケア

◇ 予防システム

　認知症を根本的に治す治療法は確立されていませんが、薬や認知機能のトレーニングなどにより、進行を遅らせることが可能なケースがあります。さらに**軽度認知障害（MCI）**の段階で適切な治療をすれば、認知機能が正常な状態に回復することも期待できます。軽度認知障害の段階では、要介護認定されず、介護保険サービスを利用できないケースが多いです。初期の段階から利用可能な介護保険外サービスへの期待は大きなものがあります。

　例えば、株式会社公文教育研究会が提供する「くもん学習療法」は、読み書き計算、コミュニケーションにより認知症高齢者の脳機能の維持と改善を図っています。学習療法を受けることで認知症の方の「自信、意欲、誇り」を引き出します。学習療法がスイッチとなり、リハビリテーション・機能訓練効果が高まるという評価も得ています（参考：厚生労働省　農林水産省　経済産業省「保険外サービス活用ガイド」）。

自費の認知症ケアサービス	
新規参入の難易度	★★★★
競合の多さ	★★
収益確保の難しさ	★★★★

介護保険外サービスの種類

家事支援①
食事

食事の提供や宅配弁当の配達は、高齢者世帯からニーズがあるサービスです。安否確認の役割もあることからケアマネジャーからの認知度は高いです。

◆ 自治体によるサービス

「生活支援型配食サービス」や「高齢者配食サービス」などと呼ばれ、具体的な費用負担の割合や利用できる事業者、条件などは自治体によって異なります。例えば東京都港区では、食事の調理が困難な下記の人向けに1食当たり300円～480円で配食のサービスを提供しています。

港区の配食サービス

対象者	・65歳以上のひとり暮らしの人 ・高齢者のみの世帯の人 ・高齢者と障害者のみの世帯の人
事業の詳細	栄養バランスのとれた食事を自宅に届けると同時に安否確認を行う。利用にあたり、区内の高齢者相談センター（地域包括支援センター）または各総合支所区民課が申請者の生活状況を伺い、配食サービス提供の調整を行う。
利用回数	昼食および夕食を週7食まで
配食時間帯	昼食は午前9時30分～午後0時30分 夕食は午後2時30分～午後6時
費用	1食当たり300円～480円（6事業者）

出所：港区ホームページ

民間企業の配食サービス

　訪問介護やデイサービスなど介護保険事業者、コンビニなど異業種から参入する企業に大別されます。株式会社日本ケアサプライが提供する「バランス弁当（冷凍弁当）」は、デイサービスの車両で送迎時に弁当を配送し、食事宅配のネックとなる配送コストを削減しています。これにより、リーズナブルかつ1食からの注文を可能としています。

　セブンミールは、コンビニエンスストアのセブンイレブンが手掛ける食事・弁当宅配サービスです。2022年9月に、セブン＆アイ・ホールディングスが運営する総合通販サイト「オムニ7」から独立しました。毎日のお弁当やおかずのほか、セブンイレブンの商品などをインターネットから注文できます。商品受け取りは自宅のほか、セブンイレブン店舗も選択できます。食事以外の商品を同時に注文することも可能です（参考：三菱UFJリサーチ＆コンサルティング株式会社『季刊 政策・経営研究』2016年4月号）。

競合が多いが利益は出せる

　介護保険外サービスの中では参入しやすい分野で競合は多いですが、リソースを活用できるので工夫次第で収益を出せる可能性はあります。例えば介護施設で50食分の食事を作っていて、配食分の10食を追加で用意する場合、工夫次第では追加コストは限定的でしょう。また糖尿病食、肝臓病食など特定の疾病に対する食事を提供するなどの方法で差別化を図っている事業者もあります。

自費の配食サービス

新規参入の難易度	★★
競合の多さ	★★★★★
収益確保の難しさ	★★★

介護保険外サービスの種類

家事支援②
買い物

昨今、買い物難民が問題となっています。利用者や労働人口の減少により、バスなどの公共機関が減便されているからです。自動車も免許証を返納すれば、運転できなくなります。こうした課題に対応する介護保険外サービスもあります。

◇ 買物難民

　昨今、社会問題になっているのが買物難民です。特に地方では、地元小売業の廃業、単身世帯の増加、人口減に伴う公共交通機関の廃止などにより深刻さを増しています。農林水産省調査によれば、食料品の買物が不便・困難な住民の割合は年々増加しています。行政による対策も行われていますが、ニーズに対して追いついていない現状が窺えます。買い物代行の保険外サービスは、行政が至らない面を補完する役割も担っていると言えるでしょう。

◇ 移動販売車による対面サービスもある

　買い物を依頼するだけでなく、自分の目で見て選びたいという人もいます。そうしたニーズに対応するため、決まった曜日や時間に事業所の駐車場などに販売車で訪れ、日用品や食料品などを販売する事業者もあります。移動販売車は、売上が安定せず赤字に陥りやすい面もあるので、収益のみを追及せず、認知度を上げてもらうための宣伝ツールとして運営している場合もあります。助成金などの支援を実施する自治体も増えていますので、制度を利用できるか調整してみましょう。

◇ ニーズがあるが競争も激しい

　買い物代行サービスは、高いニーズがある反面、資格や設備などを必要としません。また、行政の横出しサービス（介護保険外サービス）として提供されている地域もありますので、競合が多い分野です。実際には、訪問介護事業者が介護保険サービスの延長で行っているケースが多いです。

介護保険外サービスの種類 **3**
④家事支援② 買い物

◇ 介護保険サービスとの違いを明確にする

　利用者が要支援・要介護の認定を受けていれば、訪問介護サービスとしてヘルパーに買い物を依頼できます。ただし訪問介護の買い物代行で購入できるのは、利用者の日常生活に必要な「生活必需品」と「薬の受け取り」に限定されています。生活必需品とは、食料品、石鹸やトイレットペーパーなどの消耗品、台所用品などが該当します。薬の受け取りは可能ですが、あくまでも受け取りのみで、ホームヘルパーが利用者の代理で診察を受けたり薬の処方箋を出してもらったりすることはできません。

　訪問介護の買い物代行では、利用者本人の生活に直接必要でないものは購入できません。例えば、同居家族のための買い物などは、買い物代行の対象外になるので介護保険外サービスで提供することになります。

　訪問介護の事業者が、買い物代行などの介護保険外サービスを訪問介護と明確に区分することが必要であり、その具体的取り扱いとして事業者は以下の事項を遵守することを求められています。

①保険外サービスの事業の目的、運営方針、利用料等を、指定訪問介護事業所の運営規程とは別に定めること

②契約の締結に当たり、利用者に対し、上記①の概要その他の利用者のサービスの選択に資すると認められる重要事項を記した文書をもって丁寧に説明を行い、保険外サービスの内容、提供時間、利用料等について、利用者の同意を得ること。なお、保険外サービスの提供時間は、訪問介護の提供時間には含めないこと

③契約の締結前後に、利用者の担当の介護支援専門員に対し、サービスの内容や提供時間等を報告すること。その際、当該介護支援専門員は、必要に応じて事業者から提供されたサービスの内容や提供時間等の保険外サービスに関する情報を居宅サービス計画(週間サービス計画表)に記載すること

④利用者の認知機能が低下しているおそれがあることを十分に踏まえ、保険外サービスの提供時に、利用者の状況に応じ、別サービスであることを理解しやすくなるような配慮を行うこと。例えば、訪問介護と保

険外サービスを切り替えるタイミングを丁寧に説明する等、利用者が別サービスであることを認識できるような工夫を行うこと
⑤訪問介護の利用料とは別に費用請求すること。また、訪問介護の事業の会計と保険外サービスの会計を区分すること

出所：厚生労働省「介護保険サービスと保険外サービスを組み合わせて提供する場合の取扱いについて」から抜粋

買い物難民の動向と行政による対策実施状況

・現時点で対策を必要としている市町村※の割合は89.7%で、28年度以降増加傾向にある。
・上記市町村のうち、行政による対策が実施されているのは70.6%であった。

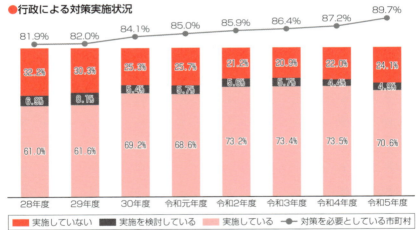

※対策を必要としている市町村とは、対策が必要である又はある程度必要であると回答した市町村
出所：農林水産「食品アクセス問題に関する全国市町村アンケート調査 令和5年度調査結果」をもとに作成

買い物代行・支援サービス

新規参入の難易度	★★
競合の多さ	★★★★★
収益確保の難しさ	★★★

介護保険外サービスの種類

家事支援③
住まい

食事や買い物以外にも大掃除や家電製品の修理など高齢者にとっては、負荷を感じることが増えます。高齢者および高齢者世帯の生活の質を高め、より満足度の高い在宅生活を送れるような介護保険外のサービスです。

◆ 自治体が提供しているサービスもある

　千葉県浦安市では、市内に住んでいる向けに下記のサービスを提供しています。サービスの内容は多岐にわたっており、30分あたり1,700円と廉価で利用できます。

浦安市の介護保険外サービス

居宅内介助	同居配偶者分の簡単な調理（本人分との同時調理）、洗濯（本人分とまとめて同時に洗濯機を回す場合）、同居配偶者分のものを含む買い物、共有部分の掃除（リビングや台所など）、電球の交換、暖房や冷房機器のセットや片付け、エアコンフィルターの掃除や交換、衣替え、草むしり、庭木や花の手入れと水やり、ごみの分別とまとめ、古新聞や古雑誌のまとめ、簡易な家庭内修繕、ネット環境（スマートフォンの操作含む）の整備や業者連絡、宅配の受け取り、仏壇の清掃、食品の整理や仕分け、冷蔵庫の整理や廃棄物の処理、カーテンの洗濯や架け替え、玄関や下駄箱の掃除や整理、手紙の整理や代筆、簡単な裁縫、ペットの世話やエサやり、簡易な家具の移動、不用品の引取手配など
居宅外介助	通院ヘルプサービス事業以外の外出同行（近所のコンビニなど）、レクリエーションなどへ出かける片道同行（30分程度）、手紙の投かん、回覧板をまわす、近所への届け物、公共料金などの振込み、日用品や米や油など重量のあるものの買い物、薬局への薬取り、図書館の本の返却、ペットの散歩、クリーニングへ出す・受け取り、資源ごみを回収ボックスへ持っていく　など
対象者	市に居住（住民票がある）し、65歳以上の要介護認定（要介護1以上）を受けている方（65歳未満の者と同居しているものを除く）で、居宅において訪問介護サービスなどを受けた際、提供サービス以外に手助けが必要なことに関して、それが妥当だと認められている、所定の条件を満たす方（条件は割愛）
利用料金	30分 1,700円
利用時間	午前8時〜午後6時、1回30分を目安に1週間に2回

出所：浦安市ホームページ

◇ 民間事業者はサービスの細かさとフットワークの良さが売り

　水まわりやフロアのクリーニング、トイレ詰まり、水漏れなどのトラブル対応、電球交換など、住まいの環境整備に関する便利屋的なサービスを展開している事業者が多いです。中には、ワンストップで高齢者のお困りごとに対応し、自社で受けきれない業務については、提携業者等へ業務委託等を行っている事業者もあります。中には5分単位で対応する亊業者もあります。

　また、施設入所前・退院後や、介護ベッド導入時などの、まとまった片付けが必要なタイミングでの、「片付け需要」に特化したサービスを提供する事業者も出てきています。

住まい・家事支援サービス	
新規参入の難易度	★★★
競合の多さ	★★★★★
収益確保の難しさ	★★★

06 介護保険外サービスの種類

旅行・外出支援

要介護者や高齢者の方は、「旅行を楽しみたい！」「気分転換をしたい！」と思っていても、旅先でのトラブルや不便さが頭をよぎり、計画を立てることも億劫になることが少なくありません。そうした悩みを解決するためのサービスが人気となっています。

◇ トラベルヘルパーによるサービス（介護旅行）

　介護が必要な方向けに、介護技術と旅の専門知識を持つ介護旅行のトラベルヘルパーが同行するサービスです。日帰りでいける場所から宿泊を伴う長距離の旅行まで利用者ごとの要望に応え、オーダーメードの日程を作成します。株式会社エス・ピー・アイによれば同社の介護旅行サービスを利用した人には次のような傾向があるようです。

> ・要介護の認定を受けており、トラベルヘルパーの費用分普通の旅行よりも費用は掛かることになるが、富裕層や資産家に限らず一般的な方が利用している
> ・健常者や自立の方が年に数回旅行に費用をかけるように、「年に1〜2回程度なら旅行、お墓参り、家族の結婚式等に少し費用をかけてもよい」といった感覚で利用しているのではないか
> ・単に趣味や楽しみのためだけでなく、「大切な思い出の場所を訪れたい」「もう一度ふるさとの山々を見たい」「お墓参りや家族の結婚式に出席したい」など、家族や親しい人との絆を深めることや、自宅や施設に閉じこもることなく、他との交流を持つことで生きがいにつながっていると思われる

出所：厚生労働省　農林水産省　経済産業省「保険外サービス活用ガイド」

◇ トラベルヘルパー養成講座

　トラベルヘルパーについてもっと学びたい人、自分を磨きスキルアップしたい人、資格を取って仕事に臨みたい人を対象とし、スキルを持っている人をきちんと評価するために日本トラベルヘルパー協会が実施する民間資格の検定試験もあります。

◇ 介護タクシー

買い物、お墓参りなど、高齢者や障害のある人の外出を介護・応急救護などの専門スキルを身に付けたエキスパートドライバーがサポートしてくれるサービスです。**介護タクシー**には、介護保険が適用されるものと保険適用外のものがあります。両者とも、車椅子やストレッチャーのまま乗降できるという点は変わりません。利用対象や目的、サービス内容などが異なります。介護保険が適用される介護タクシーは、運転手が有資格者であり、乗降時の介助が行えることが特徴です。利用対象や目的、サービス内容は介護保険で規定されています。

一方、保険適用外の介護タクシーは、利用対象や目的、サービス内容に規定はありません。利用料金は全額実費となるものの、利用される方の幅広いニーズに対応できます。

介護保険適用の介護タクシーの利用対象者は、以下の方に限られます。

・要介護1から5に認定されている方
・自宅やケアハウス、有料老人ホームやサービス付き高齢者住宅で生活している方
・1人でバスや電車などの交通公共機関を利用できない方

日本交通株式会社が提供する介護タクシー（サポートタクシー）は、単なる送迎ではなく、買い物のあとの荷物の仕分けの手伝いやお墓参りの送迎時のお墓の掃除など、外出に伴う精神的・身体的なサービスを提供できるようにしています。利用者は70代の人が多く、要介護認定は受けていないが外出に不安や支障がある人が多いようです（参考：厚生労働省　農林水産省　経済産業省「保険外サービス活用ガイド」）。

◇ 介護保険外の外出サービスの注意点

通所介護事業所が利用者に対して保険外サービスとして外出サービスを行う場合は、次のような制限があるので注意しましょう。

3. 通所介護サービスを提供中の利用者に対し、保険外サービスを提供する場合の取扱い

(3)利用者個人の希望により通所介護事業所から外出する際に、保険外サービスとして個別に同行支援を行う場合

　通所介護事業所の職員が同行支援等の保険外サービスを提供する場合には、当該保険外サービスの提供に要した時間を当該職員が通所介護に従事する時間には含めないこととした上で、通所介護事業所の人員配置基準を満たすこと。

　道路運送法（昭和26年法律第183号）や医療法等の関係法規を遵守すること。例えば、

・医療機関への受診同行については、健康保険法（大正11年法律第70号）及び保険医療機関及び保険医療養担当規則（昭和32年厚生省令第15号）の趣旨を踏まえると、あくまでも利用者個人の希望により、個別に行うものであり、利用者個人のニーズにかかわらず、複数の利用者を一律にまとめて同行支援をするようなサービスを提供することは、適当ではない。

・通所介護事業所の保有する車両を利用して行う送迎については、通所介護の一環として行う、機能訓練等として提供するサービスではなく、利用者個人の希望により有償で提供するサービスに付随して送迎を行う場合には、道路運送法に基づく許可・登録が必要である

出所：厚生労働省「介護保険サービスと保険外サービスを組み合わせて提供する場合の取扱いについて」より抜粋

旅行・外出支援サービス	
新規参入の難易度	★★★
競合の多さ	★★
収益確保の難しさ	★★★

介護保険外サービスの種類

07 趣味や楽しみ

現役のときに楽しんだ趣味を続けると、交流関係が増える、脳が活性化されるなど様々なメリットがあります。認知症の予防の面でも効果があるといえるでしょう。

◇ 会員制のカルチャースクール

　茶道、書道、手芸、社交ダンスなどの会員制のカルチャースクールも保険外サービスの1つに考えられます。東急不動産ホールディングスグループの「ホームクレール」のようにシニア向け住宅で開催する事業者とスクール運営に特化した事業者に分かれます。趣味が高じてくると発表したくなる気持ちも強くなりますので、個展やミニコンサートなどの発表の場を増やすとよいでしょう(参考：厚生労働省　農林水産省　経済産業省　「保険外サービス活用ガイド」)。

	高齢者に人気の趣味ランキング
1位	映画鑑賞
2位	園芸・庭いじり・ガーデニング
3位	読書
4位	美術鑑賞
5位	遊園地・動植物園・水族館
6位	カラオケ
7位	音楽鑑賞
8位	演劇鑑賞
9位	カメラ
10位	日曜大工

出所：ハートページナビ「いまから始める！高齢者におすすめの趣味ランキング TOP13」https：//www.heartpage.jp/contents/magazine/08-00126

介護保険外サービスの種類 3
⑦ 趣味や楽しみ

◇ 学び直し

最近、70代で難関資格試験に合格する人が出るなど高齢者の学習熱は高まってきています。例えば英語を学ぶことにより、海外旅行の楽しさが倍増するように新たな世界を広げることができます。学び直しというと大学が開催する講座の印象がありますが、民間企業がデイサービスを利用してスクールを運営する例もあります。

◇ ペットケア

趣味とは異なりますが、高齢世帯にとってペットは、孤独を癒してくれるだけでなく、生活に張りをもたらしてくれる家族同様に大事な存在です。しかし年齢とともに散歩やケアをするのが大変になってきます。そうした悩みを解決してくれるのが、ペットケアサービスです。食事や散歩といったペットの世話を提供する事業者もあります。

なお、1999年（平成11年）の動物愛護管理法改正で、犬の散歩などペットの世話をするサービス（いわゆる「ペットシッター」としてのサービス）を行う場合は、第一種動物取扱業者（保管業者）として自治体の登録を受けることとなりました。訪問介護事業者が保険外サービスとしてペットの世話を行う場合も、訪問介護事業者としての指定とは別に登録が必要になる場合もあります。

趣味・楽しみ支援サービス

新規参入の難易度	★★
競合の多さ	★★★★
収益確保の難しさ	★★★★

介護保険外サービスの種類

08 運動・介護予防

スポーツという視点からアプローチする介護予防のプログラムを介護施設などに展開している事業者もいます。フィットネスクラブの会員が横ばいとなっているいま、高齢者の利用率は伸びています。

◆ フィットネス企業の介護予防プログラム

　　株式会社コナミスポーツクラブや株式会社ルネサンスなど大手事業は、介護予防に関心があるシニアを対象に、様々な取り組みを行っています。例えば、株式会社コナミスポーツクラブが運営する「60歳からの運動スクールOyz(オイズ)は、同じインストラクターの元で運動を行うスクール形式のプログラムです。1回60分でストレッチ、筋力トレーニング、踏台運動など、高齢者が無理なく取り組むことができる内容となっています。同社によれば、「足腰強化コース」は、70代前半を中心に60代から80代の利用者が多く、「脳活性化コース」はそれよりも少し上の年代の方が多いようです。男女比でみれば、どちらも女性の割合が高いです。また同社が受託している自治体の介護予防プログラム(地域支援事業)の参加者が、公的サービス終了後にOyZを利用するケースもあるそうです(参考：厚生労働省　農林水産省　経済産業省　「保険外サービス活用ガイド」)。

◆ 大手スポーツクラブがない地方で展開する事業者も

　　スポーツクラブが展開する介護予防プログラムは有効ですが、スポーツクラブがある都市に住む人しか利用できないという問題があります。こうした課題を解決するため、株式会社くまもと健康支援研究所は、地方の商店街の空き店舗や旅館と有休スペースを利用してフットネスクラブなどの社会資源が充実していない地域でも介護サービスを受けられるようにしています。

介護保険外サービスの種類 **3**
⓽ 運動・介護予防

株式会社くまもと健康支援研究所の展開する「元気が出る学校・大学」	
元気が出る学校	自治体からの委託を受けて実施する公的な介護予防サービス（二次予防事業もしくは総合事業の通所型サービス）。 送迎し、半日程度でストレッチや筋力向上、個別のトレーニングなどをする。 最長半年で「卒業」してもらう。
元気が出る大学	「元気が出る学校」の「卒業後」に希望者が参加する自費サービス。 サービス内容は「元気が出る学校」と同様、送迎があり、半日程度で食事や入浴、理学療法士や看護師等のトレーナーのもとで運動トレーニングを行う。「大学院」としてお出かけ・旅行などのQOLサービスも行っている。

出所：厚生労働省　農林水産省　経済産業省　「保険外サービス活用ガイド」

◇ ヨガスタジオを併用するデイサービスもある

　アグリマス株式会社は、デイサービスという介護保険サービスでの拠点と人材を資源として地域住民向けのヨガスタジオや運動プログラムのネット配信などの介護予防に取り組んでいます。午前中は介護保険内のデイサービスとして運営。午後はヨガのスタジオとして、高齢者に限らず、地域の人々に向けたサービスを提供しています（参考：厚生労働省　農林水産省　経済産業省　「保険外サービス活用ガイド」）。

フィットネス等のサービス	
新規参入の難易度	★★
競合の多さ	★★★★
収益確保の難しさ	★★★

09 介護保険外サービスの種類

理容・美容

高齢期には、健康状態の悪化などが原因で外出頻度が低下し、閉じこもりがちになってしまったり、社会とのつながりが希薄になってしまったりします。身だしなみを整えることで自信を回復し、社会と関わろうとする意欲の増加につながる可能性があります。

◇ 訪問理容

　　美容師が自宅や高齢者施設に訪問し、ヘアカットや髭剃りなどの施術を行うサービスです。

　　訪問理美容サービスは、清潔な状態を維持するだけでなく、見た目を整えることによる自信の回復につながる可能性があります。自治体が提供しているケースもありますが、要介護認定された人を対象とするサービスが大半です。介護保険が適用されない高齢者には、介護保険外のサービスがその役割を担っています。ヘアカットやパーマのほか、エステなども提供する事業者もあります。

神奈川県川崎市が提供する訪問理美容サービス

対象者	① 65 歳以上、②市内に居住し、在宅で生活している方、③介護保険の要介護認定が要介護 3・4・5 の方、④理美容院に行けない方
制度内容	寝たきりの高齢者の家庭を、理容師・美容師が訪問し、理容・美容サービスを行います。 理容サービス：調髪・顔そり・洗髪（ドライシャンプー） 美容サービス：カット・シャンプー（ドライシャンプー）・ブロー
回数	年間 6 回まで
料金	1 回あたり 2,000 円（所得にかかわらず）

出所：川崎市ホームページ

介護保険外サービスの種類 **3**
09 理容・美容

◇ スキンケアなどの美容サービス

　自宅や高齢者施設で化粧講座や化粧サロン、マッサージなどのサービスを提供する事業者もあります。例えば資生堂ジャパン株式会社は、「化粧療法」のプログラムを、介護施設や介護予防イベントで提供。参加者自身が化粧を楽しみ、化粧行為を続けてもらうことにより、外出等の活動につなげ、元気な状態を保つことをサポートしています。

　また当社によれば、化粧という行為が認知症の周辺症状を緩和させ、**ADL**(Activities of Daily Living・日常生活能力)を向上させる効果があるそうです(参考：厚生労働省　農林水産省　経済産業省　「保険外サービス活用ガイド」)。

◇ ネイルケアとフットケアのサービス

　高齢者の爪は割れやすく、厚くなることが多いため、定期的なケアが必要です。ネイルケアでは、爪の形を整えたり、保湿を行うことで、爪の健康を保つことができます。これは見た目だけでなく、感染予防や衛生管理の面でも非常に重要です。特に外出が難しい方にとっては、自費で利用できる訪問型のネイルケアサービスが便利です。自宅でプロのケアを受けることで、爪を健康に保ちながら日常生活の質を向上させることができます。

　一方、フットケアは、巻き爪や肥厚爪、胼胝(タコ)、角質など、足のトラブルを専門の研修を受けた看護師がケアするサービスです。フットケアはネイルサロンで行われる美容ケアとは異なり、医療的な側面を含むサービスで、足の健康維持に大きく貢献します。定期的なケアを通じて、痛みの軽減や歩行の改善が期待でき、日常生活の活動性も向上します。特に巻き爪や角質のケアを行うことで、足のトラブルを早期に解決し、全身の健康維持にも役立ちます。

理容・美容サービス	
新規参入の難易度	★★
競合の多さ	★★★★★
収益確保の難しさ	★★★

10 介護保険外サービスの種類

見守り（みまもり）

近年、高齢者のみが暮らす世帯が増えています。それに伴って家族と離れて暮らす高齢者を様々な方法で見守るサービスが注目されています。緊急時にボタンを押すだけで対応してくれる人的なリソースを活かしたものからセンサーを設置して室内の動きを確認するIT技術を活かしたものまで多様なサービスがあります。

◆ 室内見守りサービス

　在宅の高齢者の自宅での様子等を見守り、変化があったときなどに知らせるサービスです。訪問や電話をして、様子を確認し、家族に伝えるサービスのほか、食事宅配などのサービスが見守り機能を備えている場合があります。訪問や電話など人による見守りのほか、機器やセンサー等を使った見守りもあります。機器によるものは、訪問や電話による状況確認と比べ廉価で済みます。

◆ 民間の事業者は見守り以外の業務にも幅広く対応

　見守りサービスは、民間の事業者以外にも市町村による介護保険外サービスとして提供されている場合があります。事業者の場合は、見守りと同時に様々な要望に応えているのが特徴です。

　株式会社セコムは、ホームセキュリティなどのインフラを活用して高齢者の見守りサービスを提供しています。お元気訪問サービスといって健康の確認を目的に月に1回、利用者宅を訪問し、30分ほどの面談を行うサービスです。同時に簡単な家事の手伝い等も提供しています（参考：厚生労働省　農林水産省　経済産業省　「保険外サービス活用ガイド」）。

◆ 野外の見守りにも対応している事業者もある

　高齢者の外出を検知して家族に知らせるサービスや、万が一高齢者が行方不明となった場合に早期・保護につなげるための様々なサービスが民間から提供されています。大きくは、GPS端末等による位置把握・外出検知サービス、キーホルダーやシールによる身元確認支援サービス、アプリ等を通じて協力者に捜索依頼ができる捜索依頼サービスに大別されます。

訪問によるサービスも提供されている

　見守りというとハイテク機器を活用したサービスをイメージする人は多いかと思われますが、日本郵便株式会社の「郵便局のみまもりサービス」のようにヒューマンスキルで提供している例もあります。月額2,500円の会費を払えば、近くの郵便局員が利用者宅を月1回訪問してくれるサービスで、ヒアリングしたあと、写真を撮ってそのご家族に送ってくれます。センサー機器等、機械では分からない、対面で分かる顔色の変化や会話の受け答え、自宅の様子等、些細な変化に気づくことができるのが強みです。何でも聞いてくれる身近な相談者ができたことにより、生活の張り合いができたため、健康になったという利用者が多いそうです。同社のような全国サービスはできなくても、地域を限定すれば、一般ユーザー向けに関係性ができている事業者は同様のサービスを提供できるでしょう。

「郵便局のみまもりサービス」のウェブサイト

自費の見守りサービス

新規参入の難易度	★★★★
競合の多さ	★★★
収益確保の難しさ	★★★★

介護保険外サービスの種類

11 看取り（みとり）

人生の最後を病院や介護施設ではなく、自宅で迎えたいという要望を持つ人はいます。終末期の人に対して、以前は家族が見守りや世話をしていました。核家族化が進んだことで「老老世帯」や「独居世帯」が増え、家族による介護力は失われつつあり、これを補うような民間サービスが増えてきています。

◇ 24時間体制で看護師が付き添ってくれるサービスもある

　看取り介護とは、身近に迫った「死」を避けられない状態にある人に対しての介護のことです。一般的に医師や看護師が担当しますが、常時付き添ってくれるような対応は、医療保険や介護保険の制度では難しいものがあります。

　保険外サービスの事業者の中には24時間体制で看護師が交代で付き添ってくれる会社もあります。派遣された看護師に掃除や洗濯、身の周りの世話を依頼することも可能です。利用者の負担はありますが、期間限定と考えればニーズはあると思われます。

◇ 身辺整理にも対応してくれる

　こうしたサービスでは、介護・看護だけでなく、自宅の売却や遺言書の作成などの身辺整理にも弁護士や司法書士、行政書士などの専門家と連携をとって対応しています。また友人に会いたいなどの本人の希望を叶えるようなサービスに対応している事業者もあります。

看取りの支援サービス	
新規参入の難易度	★★★★★
競合の多さ	★★
収益確保の難しさ	★★★★

12 介護保険外サービスの種類

就労・人材関連

介護業界では、採用コストの高騰や海外人材の活用等、人材採用に関する課題は尽きません。これらの課題を解決する手段として、人材サービス事業を新たに保険外ビジネスとして開始する事業者も増えています。

◆ 人材紹介業

　採用コスト軽減と新しい売上の創出を目的として地域密着の人材紹介事業を開始する事業者が増加しています。**(有料)職業紹介事業者**とは、求職者と企業などの求人事業者との間で雇用契約が成立した場合に、求人事業者から紹介手数料や報酬などの対価を受けるビジネスモデルです。**紹介会社**や**転職エージェント**などと呼ばれることもあります。人材紹介会社が設定している手数料は、事業者によって異なりますが、一般的な相場は、転職時の想定年収の20 ～ 30%としている会社が多いです。紹介した人が年収400万円で転職が決まった場合、求人企業が紹介会社に80万円から120万円を払うようなイメージです。人手不足などの影響を受けて、相場は想定年収の30 ～ 35%に上昇しているといわれています。なお、人材紹介業を始めるためには、厚生労働省の許可を得る必要があり、書類を整えて管轄の労働基準監督署の職業安定部などに提出します。その際には、下記の要件を満たさなくてはなりません。

> ・職業紹介責任者の配置(成人後3年以上の職務経験、職業紹介責任者講習を受講等)
> ・個人情報を保持しうる構造
> ・資産500万円以上、現預金150万円以上(1事業所の場合)

　そのほか、許認可を取得しようとする会社が風俗業やパチンコ業などを営んでいる場合は、取得できません(参考:厚生労働省「有料職業紹介事業 許可要件(概要)」)。

◆ 介護職としてのネクストキャリアを育成する

　人材紹介事業を行う効果として、事業による売上を確保するとともに、優良な人材を自法人へ勧誘する狙いもあります。　初任者研修・実務者研修の実施による人材の発掘、アップセルを図ることもできます。ケアマネがキャリアアドバイザーに就任する等、介護職のネクストキャリアとしての位置づけにもなっています。

◆ 募集提供事業者（人材マッチングササイト）

　人材マッチングサイト は、求職者と人材を採用したい企業をつなぐシステムです。　求人サイトで、求職者は履歴書などを掲載して仕事を探すことができ、企業は求人情報を掲載し適切な候補者を探すことができます。現在では募集情報等提供事業者として厚生労働省へ届け出することが義務付けられています。職業紹介会社との主な違いは、求人情報を求職者に提供したり、求職者情報を求人者に提供したりするだけで、求人者と求職者とのあっせんまでは行わないことです。

　介護や医療分野に特化した人材マッチングサービスを運営する会社の一例として、株式会社クラウドケアがあります。クラウドケアは高齢者の介護や、身の回りの世話、リハビリテーションなどの生活支援を、介護保険外（自費）で提供しています。介護の内容や時間帯を自由に選ぶことができ、最適なヘルパーをマッチングできるようになっています。

人材関連サービス	
新規参入の難易度	★★★★
競合の多さ	★★★★★
収益確保の難しさ	★★★

13 介護保険外サービスの種類

コロナ以降の新サービス

介護業界は、新型コロナウイルス感染症の影響を最も受けた業界といえるでしょう。免疫や体力が落ち入ている高齢者は、感染すると重篤化するリスクが他の年代よりも高いため、より厳格な接触などの制限がありました。その一方で制約を打破するための新しいサービスも生まれ、コロナ禍が沈静化した現在でも提供されています。

◆ 動画・画像の遠隔共有サービス

　家族の動画をスマホで撮影し、それを直接遠隔地のテレビに届けるサービスです。第1章でも概要を紹介した「まごチャンネル」は、機器の設置はテレビに電源とHDMIケーブルをつなぐだけで済み、通信など機器の設定は不要です。Wi-Fi等の環境も不要で、テレビリモコンを使用して、設置後すぐに利用できるようになっています。機器の本体価格が2万円、サービス料として月1,500円前後の負担でサービスを受けることができます。

◆ オンラインリハビリテーション・機能訓練

　通所が難しくなった利用者に対するオンラインでのリハビリテーション・機能訓練を実施するサービスです。個別リハビリテーション・機能訓練の他にも集団でのヨガ教室等を開催している事業者もあります。料金設定としては、例えばある事業者の場合、個別リハビリテーション・機能訓練の場合は、通常より3分の2程度の料金設定（時間が短くなるため）となっています。集団指導が可能なヨガ等の場合は、通常の90分マンツーマンリハビリテーション・機能訓練の2分の1回分の料金設定としています。

◆ オンライン旅行

　施設や自宅で楽しめる生中継のオンラインツアーです。インターネット経由で施設や自宅から旅行気分を味わえます。基本的には参加型の動画配信コンテンツとなっており、生中継の番組に参加しながらクイズやゲーム、アンケートに参加することでポイントを獲得、貯まったポイントは景品と交換することも可能です。好きな時間に視聴できるビデオコンテンツもあります。月額1,500円程度、施設利用は月間8,000円程度で利用できます。

いずれのサービスも対面とオンラインのどちらのみを提供するのではなく、選択枝の1つとしてオンラインを活用している事業者が多いです。

◇ オンライン会話サービス

　自宅や外出先から、SNSを利用して手軽にコミュニケーションが取れるサービスが登場しています。たとえば、「nabetomo（なべとも）」は、LINEを活用したオンライン脳トレ会話サービスです。このサービスでは、専門の研修を受けた「会話パートナー」とオンラインで会話を楽しむことができ、利用者は場所を選ばず、自宅や外出先など好きな場所から参加できます。また、高齢者だけでなく若者にも利用されており、脳卒中を経験した方の会話リハビリとしても役立っています。

　「会話万歩計」という独自の指標を使って、日々の会話量を見える化し、健康管理のようにコミュニケーションの状況変化を確認できるのも特徴です。さらに、ライトプランでは2週間に1回、25分の会話セッションが3,600円から利用できるため、手軽に始められる点も人気の理由です（参考：（株）nabe、nabetomoホームページ）。

オンラインのサービス	
新規参入の難易度	★★
競合の多さ	★★★★
収益確保の難しさ	★★★★★

14 介護保険外サービスの種類

IoT を活用したサービス

介護業界では、見守りやオンラインによるリハビリテーション・機能訓練など IoT（Internet of Things）を活用したサービスの導入が進んでいます。介護保険外サービスでも同様に活用されています。

❖ スマートフォンの画面から訪問介護のヘルパーの申し込み

　　株式会社クラウドケアは、インターネットから訪問介護ヘルパーの派遣を依頼できるサービス「Crowd Care」を提供しています。訪問介護の内容や回数に細かな制約が多い保険適用のヘルパーとは異なり、利用者の家庭事情に応じて、公的サービスでは対応できない幅広いサポートを 24 時間 365 日提供しています。また、定期依頼だけではなく、必要なときだけヘルパーに来てもらうスポット依頼も随時受け付けています。

　　具体的なサービス内容は下記の通りです。

・日常生活で必要な食事・トイレ・入浴・室内移動などの介助
・普段の診察での病院への付き添いや、入退院時の手伝い、入院中の院内介助
・家族不在時の夜間見守り、就寝介助・起床介助
・掃除・料理・洗濯・ゴミ出し・布団干しなどの家事代行
・買物、散歩、冠婚葬祭などへの付き添いを始め、旅行への同行

出所：株式会社クラウドケア プレスリリース

❖ IoT 機器等を活用した在宅支援サービス

　　株式会社まんぞく介護では、居宅介護支援の利用者宅に ICT 機器（本体機器、玄関ドア開閉センサー、起床センサー、トイレ人感センサー）を設置して生活リズム等の観察（センシング）を実施するサービスを提供しています。生活の様子を把握することで、利用者の生活リズムの維持・回復を支援しています。

　　同社が提供する支援サービスは次のような内容です（株式会社まんぞく介護ホームページより抜粋）。

①メッセージ配信等による服薬等の生活習慣づけ、生活リズム構築サポート

②呼び出し機能を利用しての緊急時対応

③ICT機器による見守り

④（介護保険外の）院内介助・美容院への同行・突発的な緊急時の訪問対応

⑤（希望・必要に応じて）モニタリングによる服薬効果の確認等を踏まえた医療機関、薬局への情報提供

⑥（希望・必要に応じて）多職種への生活状況・体調等の情報提供

⑦生活リズム等の客観的データを踏まえたケアプランの見直し、適切な保険外サービス等の活用促進

◆ 介護テクノロジーに関する政府の取り組み

　経済産業省と厚生労働省は、介護ロボットやICT等のテクノロジーを活用した介護サービスの質の向上、職員の負担軽減、高齢者等の自立支援を推進するべく、「ロボット技術の介護利用における重点分野」の改訂を行うとともに、名称を「**介護テクノロジー利用の重点分野**」に変更したことを公表しました（2024年6月28日）。

　昨今のICT・IoT技術を用いたデータ利活用が進む状況や、介護現場における新たな社会課題を踏まえつつ、革新的な機器の開発促進・普及を目指すためです。

ICT・IoT を活用したサービス

新規参入の難易度	★★★★
競合の多さ	★★★
収益確保の難しさ	★★★★

介護保険外サービスの種類 3
⑭ IoTを活用したサービス

介護テクノロジー利用の重点分野の全体図と普及率

移乗支援（装着）
介助者のパワーアシストを行う装着型の機器

移乗支援（非装着）
介助者による移乗動作のアシストを行う非装着型の機器

移乗支援 普及率 9.7%

排泄支援（排泄物処理）
排泄物の処理にロボット技術を用いた設置位置の調整可能なトイレ

排泄支援（動作支援）
ロボット技術を用いてトイレ内での下衣の着脱等の排泄の一連の動作を支援する機器

排泄支援（排泄予測・検知）
排泄を予測又は検知し、排泄タイミングの把握やトイレへの誘導を支援する機器

排泄支援 普及率 0.5%

見守り（施設）
介護施設において使用する、各種センサー等や外部通信機能を備えた機器システム、プラットフォーム

見守り（在宅）
在宅において使用する、各種センサー等や外部通信機能を備えた機器システム、プラットフォーム

コミュニケーション
高齢者等のコミュニケーションを支援する機器

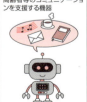

見守り・コミュニケーション 普及率 30.0%

介護業務支援
介護業務に伴う情報を収集・蓄積し、それを基に、高齢者等への介護サービス提供に関わる業務に活用することを可能とする機器・システム

介護業務支援 普及率 10.2%

機能訓練支援
介護職員等が行う身体機能や生活機能の訓練における各業務（アセスメント・計画作成・訓練実施）を支援する機器・システム

食事・栄養管理支援
高齢者等の食事・栄養管理に関する周辺業務を支援する機器・システム

認知症生活支援・認知症ケア支援
認知機能が低下した高齢者等の自立した日常生活または個別ケアを支援する機器・システム

移動支援（屋外）
高齢者等の外出をサポートし、荷物等を安全に運搬できるロボット技術を用いた歩行支援機器

移動支援（装着）
高齢者等の外出をサポートし、転倒予防や歩行等を補助するロボット技術を用いた装着型の移動支援機器

移動支援 普及率 1.2%

移動支援（屋内）
高齢者等の屋内移動や立ち座りをサポートし、特にトイレへの往復やトイレ内での姿勢保持を支援するロボット技術を用いた歩行支援機器

入浴支援
入浴におけるケアや動作を支援する機器

入浴支援 普及率 11.2%

※排泄支援（排泄予測・検知）、見守り（施設）、見守り（在宅）、コミュニケーション、介護業務支援、機能訓練支援、食事・栄養管理支援、認知症生活支援・認知症ケア支援の項目においては他の機器・システムとの連携を定義文において明記　※項目別の普及率は、『令和3年度介護報酬改定の効果検証及び調査研究に係る調査結果』を引用　※新たに追加された機能訓練支援、食事・栄養管理支援・認知症生活支援・認知症ケア支援の3項目に関しては、上記調査を実施していないため、普及率は未記載

出所：厚生労働省「ロボット技術の介護利用における重点分野」を改訂しました」参考資料をもとに作成

COLUMN 介護保険外訪問介護サービス
「Crowd Care(クラウドケア)」との事業連携事例

株式会社クラウドケア

代表取締役CEO　小嶋　潤一

　「Crowd Care(クラウドケア)」は、介護保険外の訪問介護・家事・生活支援サービスを依頼されたい方と働きたい方をマッチングするプラットフォームです。依頼毎にヘルパーをマッチングし、介護スキルを持つ貴重な人材をシェアしていく仕組みとなります。

　依頼者は介護保険外の自費訪問介護ヘルパーサービスを業界最安値水準の1時間2,750円(税込)からの低価格で24時間365日利用することができます。最短当日1時間前まで依頼を受け付けているため、急な介護のニーズにも対応しています。

　本コラムでは、企業向けの介護保険外サービスの事例の一つとして、クラウドケアとの事業連携により、事業の価値向上を図る企業の事例を紹介します。

❶小田急電鉄株式会社

　小田急電鉄が運営する「小田急くらしサポート」は、2014年の設立以降、くらしやすい沿線の実現に向け、ハウスクリーニングや家事代行、ハウスメンテナンス・リフォームなど、くらし全般に関わるサービスを幅広く提供し、沿線に住む生活者の暮らしに寄り添ってきました。

　クラウドケアとの事業提携により、買い物代行を始め介護にまつわる悩みを抱える小田急沿線の生活者の暮らしを豊かにするべく、「小田急くらしサポート」で初となる介護サービスの提供を開始しました。

　沿線に住む高齢者に向けた生活支援サービスの必要性を感じていた小田急くらしサポートの想いと、インターネットの操作が苦手な方に対しても必要とされる介護サービスを届けたいというクラウドケアの想いが重なり、両社の特色を活かした独自サービスの開発に至りました。

介護保険内のサービスでは、介護保険法に定められている利用基準があるため、提供できるサービスには制限があります。例として買物代行サービスを挙げると、介護保険内では利用者の生活必需品（食料品・消耗品）は介護保険の対象となりますが、生活必需品の中でも、お酒・タバコ・雑誌などは対象外となってしまいます。しかし、今回「小田急くらしサポート」で提供を開始する「買い物代行」では、生活用品から趣味のものまで幅広く依頼をすることが可能になりました。

❷株式会社リンクジャパン

ホームIoTプラットフォームを開発・提供する株式会社リンクジャパンのスマートホーム統合アプリ「HomeLink」から自費訪問介護ヘルパーの派遣申し込みができる機能を実装しました。

スマートホーム統合アプリと訪問介護ヘルパー事業との連携は国内初の取り組みです（リンクジャパン調べ、2024年1月）。IoT機器によるハード面での見守りと、介護ヘルパーによるソフト面での支援を両輪として、住み慣れた住宅で介護施設と同様の価値を提供することにより、地域包括ケアシステムの実現に貢献します。

クラウドケアは、「住宅で介護施設同様のサービスを提供すること」を目的とした質の高い介護保険外の訪問介護事業に取り組んでいます。リンクジャパンでは「一生住み続けられる家」というコンセプトのもと、ナースコール、安否確認、空調室温管理など、スマートホーム機器を活用した住宅のヘルスケア分野に取り組んできました。

両社が掲げている理念に共通点がとても多いことから、超高齢化社会における高齢者の住宅難民問題、介護問題の解決へ相乗効果が期待できると確信し、今回の協業に至りました。

ヘルパー人材の専門的ノウハウと温かみを生かした「ソフト面」から高齢者を支えるクラウドケアと、IoT機器を活用した「ハード面」から住みよい生活環境にアプローチするリンクジャパンが、互いの強みをもって補完し合い、住み慣れた住宅での良質な介護の実現に取り組んでいます。

❸ **野村不動産グループ**

　野村不動産株式会社、野村不動産ソリューションズ株式会社、野村不動産パートナーズ株式会社のグループ会社3社が共同運営する「野村不動産グループカスタマークラブ」と野村不動産が提供する「NOMURA WORK-LIFE PLUS（ノムラワークライフプラス）」と業務提携し、クラウドケアの自費介護サービスをお得な割引料金で利用できる取り組みを開始しています。

　介護保険サービスでは、提供できるサービスや時間に制限があり、使いたい分だけ利用できるわけではありません。また、介護保険サービスでは利用できない種類のサービスが多々あります。例えば、介護保険制度の仕組みによって「通院付き添い介助」の利用が難しいため、家族が仕事を休むなどして病院へ付き添う必要が出てきます。

　このような背景を受け、野村不動産株式会社が提供している「野村不動産グループカスタマークラブ」と「NOMURA WORK-LIFE PLUS」の顧客に対するサービス提供に関して業務提携し、野村不動産グループが取引しているお客様やオフィスビル入居テナントの従業員向けに、安心して生活や仕事を続けてもらえるように、自費介護サービスを提供しているクラウドケアを紹介し、お得にご利用できるように取り組みを実施しています。

・**執筆者情報**

株式会社クラウドケア
代表取締役CEO　小嶋 潤一（こじま　じゅんいち）

　インターネット業界の勤務経験を経て、介護保険内の在宅サービスを提供する会社の起業を経験し、介護保険外サービスのニーズや重要性を感じクラウドケアを設立。介護とITの両方に造詣が深いことを強みとしている。

④ 介護保険外サービスを 始めるには

　介護保険サービスを始めるにあたり、どのようなサービスを提供するか、自社にあったサービスは何か、価格設定や従業員教育はどうするかなど悩むことも多いはずです。本章ではこれから介護保険外サービスを始めたい方向けにどのようなことを決めていけばよいか、押さえておきたいポイントを解説します。

01 介護保険外サービスを始めるには

介護保険外サービスを
考えるときの2つの視点

どのような介護保険外サービスを始めたらよいのかを検討する際、まずは現在の顧客やメンバーで何かできることはないかという視点から考えるとよいでしょう。

◆ 現在の顧客を対象とする新しいサービス

　介護事業を行っていれば、すでに要介護者という顧客はいることでしょう。その顧客をはじめ、「高齢者の生活の中で何か支援できることはないか?」という視点から、「介護保険サービスでは不足しているものは何か?」を考えてみましょう。要介護者だけでなく、同居の有無にかかわらずその家族もサービスの対象となります。「離れて住む両親の様子が心配なので家事支援や見守りのサービスがあったら助かる」といったニーズがある場合もあります。

◆ 現在のメンバーで新しいサービスを提供できないか

　「現在のメンバーで提供できるサービスは何か?」「自分たちが地域に向けてできることはないか?」と考える視点は非常に有効です。介護施設には多くの介護、看護、リハビリなどの専門職が在籍しており、これらの専門知識を活かした地域貢献が期待できます。

　しかしながら、日々の業務を見直すと、資格を持つスタッフが専門業務以外に、事務作業や雑務に時間を割いているケースも多いかもしれません。この問題を解決するためには、まず現在の業務内容を見える化することが重要です。厚生労働省の「介護サービス事業における生産性向上に資するガイドライン」などを参考に、業務分析を行い、その結果に基づいて改善策を講じることで、介護保険外サービスに充てる時間を創出することが可能です。

　よく見られる例として、「リハビリスタッフが忙しい」というケースがあります。この場合、機能訓練計画書の作成などの業務が負担になっているのであれば、サポートしてくれるDXサービスの導入が効果的です。すべてをリハビリ職が行わなくても、介護スタッフが計画書を作成できるようにすることで、業務負担を軽減できます。

　また、「日々の業務が忙しい」という場合、業務内容を整理し、重要な専門

的ケアは介護スタッフが担当し、掃除や備品管理などは介護助手が行うというように業務を分担する方法もあります。このようにして捻出した時間を、介護保険外サービスの提供に活用する工夫が大切です。

介護保険外サービスを考えるときの2つの視点

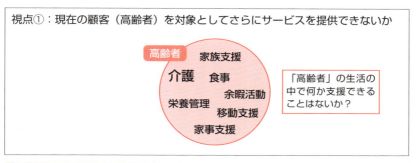

作成：株式会社スターパートナーズ

　いずれも、現在運営している介護事業所と同時に運営するハイブリッド化を目指すことで、事業間のシナジーが見込め、生産性の向上にも大きな期待ができます。また、最近は、ヘルパー職や看護職、リハビリ職の中で、求人をインターネット検索するとき**「自費」**のキーワードを入れる層が出てきています。こういった層は傾向として新しい取り組みに興味を持った向上心のある人材である場合が多く、人材確保という側面でも、介護保険内事業とのシナジーを期待できる点が多くあります。

02 介護保険外サービスを始めるには

介護保険外サービスの
4つのパターン

介護保険外サービスは、介護保険サービスや他サービスと比較して大きく4つのパターンに分類することができます。

◆ 分類から自社に合うサービスを考える

　介護保険外サービスを考えるにあたり、介護保険サービスとの違いや他サービスとの比較などの視点から考えてみることも大切です。このようなサービスの性質の違いで分類した場合、下記の4つに分けられます。この分類のうち自社に合ったサービスを考えてみるのもよいでしょう。

A：介護保険のサービスの上限を超えたサービス

　すでに介護保険サービスを利用している人向けのものです。要介護認定者に対する訪問介護やリハビリテーションなどは、介護保険法によって提供できる時間数が定められている(区分限度支給額の上限など)ため、本人がさらなる追加を望んだとしても提供することができません。こうした問題も利用者が全額負担すれば解決します。上限単位数(提供時間数)を気にする必要がなく、利用者が納得いくまでサービスを提供することもできます。

B：介護保険ではカバーしていないサービス

　要介護認定の人の家族のための配食サービスや高齢者世帯への家事支援サービス等です。家族の介護を行いながら、食事の用意をするのは負荷が大きいものです。食事の用意や予防のためのリハビリなども該当するでしょう。

C：余暇趣味等の自費サービス

　理容(美容)、ペットの世話、サークル、旅行といったサービスです。人はいくつになってもきれいでいたい、自分の好きな趣味を楽しみたいという願望があります。身だしなみを整え、好きなことを続けることで健康寿命を延ばすことができます。高齢化が進む今後、健康寿命を延ばして介護保険の利用を抑えることは、国の施策とも一致します。

D：法人のリソースを活用できるサービス

　法人が持つ人的なリソースや、施設のリソースを活用したサービスのことです。人的なリソースとしては、介護関係の資格やスキルだけでなく、IT関係のスキルなども活用できます。利用者向けにPCやスマートフォンなどの使い方を教えるサービスや、介護保険事業者向けにICT機器導入のサポートを実施するサービスなどの例があります。

　施設のリソースとしては、第3章の事例でも紹介したように、介護保険の利用時間外に機器やスペースを利用してサービス提供することなどが考えられます。例えば、リハビリで使用している機器を活用し、介護予防のためのスポーツジムとしてサービス展開することもできます。通所の施設のスペースを利用してヨガ教室を開催している企業もあります。

介護保険外サービスの4分類

作成：株式会社スターパートナーズ

03 介護保険外サービスを始めるには

対象利用者をどう決めるか

新たにビジネスを始める際に大切なのは、誰を対象とするかです。一口に高齢者といっても様々な人がいるので、まずはどんな人たちを顧客にするのか検討しましょう。

◆ 既存の利用者から検討してみる

　介護保険事業者であれば、介護保険の上限を超えたサービスか介護保険ではカバーしていないサービスを始められないかを検討してみましょう。スポーツジムやヨガスタジオなど介護保険外の事業者でも同様です。それらを利用する高齢者向けに、普段のプログラムとは別のサービスを展開できないか検討してみましょう。その際に留意しなければいけないのは、高齢者向けだからといってレベルを下げたり、一般向けのものと内容を変えたりしてしまうことです。最近の高齢者は以前と比べて元気な人も多く、また現役時代に良いものに触れていた人もいます。続けられるようにサポートを手厚くする必要はありますが、簡単なプログラムにしてしまうと物足りなさを感じ、辞めてしまう恐れがあります。

◆ 利用者の周りにいる人を対象とする

　次に対象となるのが介護保険を利用している家族など、その周辺にいる人です。本書でも繰り返し紹介しているように要介護者の家族や親族を対象とする食事や掃除、レスパイトケアなどのほか、健康状態を維持するための予防のサービスもニーズがあります。要介護者がいる家族の実態を知ると配偶者や子供に負担をかけないために健康状態を維持し、認知症などにかからないようにしようと思う人は多いでしょう。

◆ 介護事業者を対象とするサービスも検討する

　要介護者の家族や高齢者だけでなく、介護保険事業者を対象とするのも1つの方法です。周知のとおり介護業界は長年、人手不足に悩んでいます。介護業界に特化した人材紹介会社、介護事業者と連携をとり高齢者の必要な書類作成の代行を一手に引き受ける行政書士の事務所があります。また介護事業所を対象としたソフトウェア開発などもあります。

介護保険外サービスを始めるには **4**
03 対象利用者をどう決めるか

介護保険外サービスの利用対象者

・**既存の利用者**

自社がすでに展開しているサービスの利用者など

・**利用者の周辺関係者**

要介護者の配偶者や子供など家族も対象となる

・**介護事業者**

人手不足に悩む介護事業者向けのサービスも検討可能

また厚生労働省、農林水産省、経済産業省の「保険外サービス活用ガイドブック」には、利用者のニーズについて次のようにまとめられています。

介護保険外サービスの利用者ニーズ

要介護認定を受ける前から、家庭内労働力の代替＝家族代わりのニーズがある	要介護認定を受ける前から、家具の移動や電球交換をはじめとして、「以前はできていたが、できなくなること」が少しずつ増えていく。また、核家族化が進み、高齢者のみの世帯が増えていることから、「子供世帯が同居していたらやってくれていたであろうこと」が外部化（＝サービスとして購入される）される余地が大きい。また、一般にそうした（同居家族がやってくれていたであろう）ことは、一つ一つは「ちょっとしたこと」の集まりであるため、一事業者ないしは、一つの窓口でワンストップ対応することが支持される可能性が高い。 例：便利屋、買物支援サービス
介護が必要になっても、「それまでの当たり前」を継続できることには大きなニーズがある	介護が必要になった段階では、住まい、食事、家事といった生活の基本的な部分は、ある程度、介護保険サービスなどの「共助」や「公助」でカバーされる。しかし、そういった生活の「基本的な部分」だけにとどまらず、介護が必要になる前に「当たり前」に行っていたことを続けられてこそ、「自分らしい暮らし」といえる。このような「自分らしい暮らし」の継続をサポートする分野では、「自助」である保険外サービスが展開される余地が大いにある。 例：化粧、理美容、旅行、外出支援
「仕事と介護の両立支援」など、介護者支援、家族の支援にもニーズあり	レスパイトケアなどの介護者支援は重要であるが、「介護する側＝介護者、家族」のケア、不安の解消といった分野においても保険外サービスが出てきている。 例：介護のプロによる家族介護相談機能を提供する「産業ソーシャルワーカー」の代行サービス

出所：厚生労働省、農林水産省、経済産業省「地域包括ケアシステム構築に向けた公的介護保険外サービスの参考事例集」をもとに作成

介護保険外サービスを始めるには

進出分野をどう決めるか

提供するサービスの対象者を決めたあとは、具体的な進出分野を決定します。その際に何を検討・確認すればよいでしょうか？ ポイントを紹介します。

◆ 市場の需要と顧客ニーズ

既存の利用者や自社のリソースを活用して始めるのは定石ですが、本当にそのサービスは顧客から求められているのか、市場の規模感などの確認は必須でしょう。

2020年の市場規模と2050年の市場規模の推計結果

項目	含まれる製品・サービスの例	2020年の市場規模	2050年の市場規模
知	ヘルスケア関連書籍・雑誌、アプリ・サービス等	0.03兆円	0.09兆円
測	検査・検診サービス、計測機器等	0.9兆円	3.7兆円
健康経営	検診事務代行、メンタルヘルス対策等	0.6兆円	3.7兆円
食	サプリメント・健康食品、OTC・指定医薬部外品等	3.3兆円	8.3兆円
運動	フィットネスクラブ、フィットネスマシン等	0.6兆円	2.6兆円
睡眠	機能性寝具等	0.2兆円	0.2兆円
予防	衛生用品、予防接種等	0.2兆円	6.6兆円
遊・学	ヘルスツーリズム（健康志向旅行）	2.9兆円	12.7兆円
癒	エステ・リラクゼーションサービス等	1.1兆円	2.4兆円
住	健康志向家電・設備等	0.1兆円	0.4兆円
機能補完	眼鏡、コンタクトレンズ等	0.3兆円	1.2兆円
民間保険	第三保険等	8.1兆円	15.6兆円
患者向け商品・サービス	病者用食品等	0.05兆円	0.2兆円

介護保険外サービスを始めるには **4**
04 進出分野をどう決めるか

項目	含まれる製品・サービスの例	2020年の市場規模	2050年の市場規模
要支援・要介護者向け商品・サービス	介護用食品、介護住宅、福祉用具等	5.2兆円	13.0兆円
疾病・介護共通サービス	高齢者向け食事宅配サービス等	0.2兆円	5.7兆円
合計		24兆円	77兆円

出所：経済産業省「新しい健康社会の実現に向けたアクションプラン2023」

◇ 競争環境を考慮する

　もう一つ考慮しなければならないのは競合相手が多さです。**レッドオーシャン**（競合が多い）、**ブルーオーシャン**（競合が少ない）といった言葉がありますが、顧客ニーズがあってもレッドオーシャンの分野では、他社との差別化が図れないと苦戦する恐れもあります。例えば、日本人はラーメンが好きな人が多いのでラーメン店が成功するかというとそうでもなく、出店する数が多いため、廃業する店もあります。

　本書の第3章をご覧になればわかるように家事支援に関連したサービスは、資格や設備投資を必要としないため、競争率が高くなる傾向があります。地域によっても状況は異なりますので、半径10キロ以内、または、隣接する小規模活動圏域に同様のサービスがあるかを確認したほうがよいでしょう。

　自社の強みと弱みについてSWOT分析を使って可視化してみるのもよいでしょう。

SWOT 分析

	ポジティブ	ネガティブ
内部要因	強み：Strengths	弱み：Weaknesses
外部要因	機会：Opportunities	脅威：Threats

◇ 法律上の規制に留意する

　介護保険の事業に隣接したサービスを提供する際には、法律で定められたことを厳守しなければなりません。例えば、訪問介護や通所介護の提供時間に介護保険外サービスを含めてはいけません。介護保険サービスの運営規定とは別に介護保険外サービスの運営方針や料金などの運営規定を定める必要があります。

進出分野を決める際の検討事項の例

事項	検討内容
市場需要	市場における需要の存在とその規模
顧客ニーズ	顧客の具体的なニーズや課題を理解し対応可能か
競争環境	競合他社の存在や競争の激しさ
既存事業とのシナジー	新規事業が既存事業とシナジー効果を発揮できるか
新規性	市場における新規性や独自性
技術的実現可能性	技術的に実現可能であるかどうか
市場トレンド	市場のトレンドや将来の変化を予測し、対応できるか

介護保険外サービスを始めるには
04 進出分野をどう決めるか

事項	検討内容
収益性	新規事業の収益性を評価し投資対効果を検討
社会性	事業が社会的に受け入れられるか、社会的価値があるか
法規制	事業に関連する法規制やコンプライアンス
リソースの可用性	必要なリソース（人材、技術、資金など）が確保できるか
投資回収期間	投資と回収の期間が適切か
リスク管理	事業に関連するリスクを特定し、その管理方法の検討
発展性	将来的な発展性や拡大の可能性
ブランドイメージ	新規事業が既存のブランドイメージに与える影響
パートナーシップ	事業の成功に必要なパートナーシップや協力関係の構築可能性
技術トレンド	最新の技術トレンドを活用できるか
既存の事業と同様に粗利益率が高いこと	粗利益率を維持できるか
市場参入障壁	市場参入の障壁がどの程度高いか
顧客ロイヤリティ	新規事業が既存顧客のロイヤリティを維持または向上させるか

介護保険外サービスを始めるには

価格設定をどうするか

介護保険外サービスでは、価格を自由に設定できます。廉価に抑えれば利用者が増えますが、収益が悪化します。高額にすれば利用者が離れていく恐れもあるので、適切な価格設定に悩む事業者は多いでしょう。そこで、何を基準に価格設定すればよいかを解説します。

◇ 原価率から割り出す

　介護保険外サービスでは、他の業界同様、提供するサービスにかかった原価の2～3倍を目途に料金を定めている事業者が多いです。原価にかかるのは、人件費や事務所（スペース）の家賃、使用する機器のリース代などです。中には赤字となることを理解しつつも、敢えて集客の手段として「〇百円で大掃除を代行します」などといった廉価なサービスを前面に出す事業者もあります。

◇ 介護業界の常識から外れてみる

　原価率から算出するのが鉄則ですが、ときには介護保険業界の常識から外れて考えてみましょう。介護保険の利用者である高齢者というと、年金暮らしで金銭的に余裕がないと考える人は多いのではないでしょうか？　しかし高齢者の中には、現役世代以上に趣味や娯楽にお金に糸目をつけないという人もいます。また高所得者層ほど、自分の健康に留意するのでスポーツや認知症防止の学習などに積極的に取り組む傾向があります。

◇ 定額制は事業者側にとっても魅力

　毎月、決まった料金を払えば好きなだけサービスを利用できるという**定額制**の導入も検討してみましょう。常時見守りや支援が必要な方を対象に、状況に応じて柔軟に対応できる短時間の身体介護や家事支援を包括的に提供する「生活サポートパック」というサービスを提供している事業者もあります。

　利用者にとっては、時間を気にせず好きなだけ利用できる魅力的な制度ですが、事業者側にとっても毎月の定期収入を計算できるというメリットがあります。スポーツジムの会員のように、契約すると数か月単位で加入して更新してもらえる可能性もあります。売上の目途が立てば、スタッフの採用や新しい機器の購入など設備投資の目途も立ちます。

◆ 価格設定の注意点

　介護保険外サービスの提供価格に関して、重要なポイントがあります。ま
ず、介護保険サービスと同じタイミングで提供される場合、利用者はそのサー
ビスに対して10割の費用を負担する必要があります。これは、介護保険サー
ビスが提供されている時間帯において、保険適用外のサービスが追加で提
供される場合に適用されるルールです。

　一方で、介護保険外サービスがまったく異なる状況、例えば介護保険の対
象外の時間帯や場所などの条件で提供される場合は、価格設定は提供者の
裁量に任されています。この場合、提供者は市場の需要やサービスの内容
に応じて自由に料金を設定することができます。

　その上で次のような対応が必要です。

・契約書と重要事項の説明書を用意する

・利用費用を明示した資料を用意する

・介護保険サービスと介護保険外サービスは別であることを説明し同意
　を得る

　また物販や移動販売・レンタルサービスを行う事業者は、次のような規制
があります。

　利用者にとって不要なサービスが提供されることを防ぐ観点から、利
用者の日常生活に必要な日用品や食料品・食材ではなく、例えば高額な
商品を販売しようとする場合には、あらかじめその旨を利用者の家族や
介護支援専門員に対して連絡すること。認知機能が低下している利用者
に対しては、高額な商品等の販売は行わないこと。

　食品衛生法(昭和22年法律第233号)等の関係法規を遵守すること。

出所：厚生労働省老健局 総務課認知症施策推進室 高齢者支援課、振興課、老人保健課「介護保険サービ
　　　スと保険外サービスを組み合わせて提供する場合の取扱いについて」Vol.678より抜粋

価格を決める際に必要なポイント

項目	検討内容
対象顧客の支払意欲	顧客が支払う意思がある価格帯の検討
コスト構造	施設運営、スタッフの給与、機器の導入など、全体のコスト
競合分析	競合他社の価格設定を調査し、自社の価格を適切にポジショニングする
市場価格	市場全体の価格帯を理解し、それに基づいて設定
価値提案	提供するサービスの独自価値を考慮し価値に見合った価格の設定
サービス内容の質	提供するサービスの質が価格に見合うものであることの確認
コストプラス法	すべてのコストに利益を加えた価格設定
収益目標	部門として達成すべき収益目標を基に価格設定
顧客セグメント	ターゲット顧客層の特性と購買力
法規制	価格設定に影響を与える法的な制約や規制があるかどうか
需要予測	予測される需要に基づいて価格を設定
競争優位性	自社の競争優位性を強調し、プレミアム価格を設定できるか
サービスの効果	提供するサービスの効果に基づいた価格設定
ブランドイメージ	ブランドイメージに見合った価格設定
顧客ロイヤルティ	長期的な顧客関係を築くための価格戦略
市場トレンド	市場のトレンドや変動を考慮した価格設定
地域特性	提供地域の経済状況や顧客の購買力を検討
プロモーション戦略	プロモーションキャンペーンや割引を考慮した価格設定

06 介護保険外サービスを始めるには

設備投資はどうするか

事業を開始する前、設備投資にどれだけ費用をかけるかについても検討する必要があります。最新で高額な機器を導入すれば、競合する事業者に対して優位に立てますが、売上の目途が立たない状態ではリスクもあります。

◇ 一気に導入しない

　リハビリ用のマシンや送迎の車両など新たに設備投資する場合、少しずつ段階的に導入したほうがよいでしょう。リソースを逐次投入するよりは一気に投入して競合より優位に立ったほうがよいという意見もありますが、マーケットが成長中の介護保険外サービスの世界に限っていえば、少しずつ導入したほうが得策かもしれません。どの程度の収入が見込まれるかの予想を立てても、いざ始まってみないと収入はわかりません。それに加え、リハビリ用のマシンや福祉機器などは絶えず進化していますので、短時間で流行遅れとなってしまう恐れもあります。一方、戦略として、介護・医療機関では導入に時間がかかる先駆的な機器・サービスを目玉となる「自費サービス」として導入する方法もあります。

◇ 既存のリソースや地域の資源を活用する

　介護保険の事業者であれば、すでに介護保険の利用者に提供しているサービスの施設や機器を介護保険外サービスにも活用できないかを検討してみましょう。例えば、デイサービスの空間や施設を利用してリハビリテーションなどを行えば、新たな設備投資を行わずに済みます。

　また地方都市では休廃業した商店や旅館などがあることも多いですが、こうした休眠中の施設を活用すれば、家賃を抑えることができます。

　なお、デイサービスなどの通所介護サービスの利用者に対して介護保険外サービスを提供する場合は、次のような制限があります。

● **通所介護サービスを提供中の利用者に対し、保険外サービスを提供する場合の取扱い**

---

① **通所介護と保険外サービスを明確に区分する方法**

・保険外サービスの事業の目的、運営方針、利用料等を、指定通所介護事業所の運営規程とは別に定めること

・利用者に対して上記の概要その他の利用者のサービスの選択に資すると認められる重要事項を記した文書をもって丁寧に説明を行い、保険外サービスの内容、提供時間、利用料等について、利用者の同意を得ること

・契約の締結前後に、利用者の担当の介護支援専門員に対し、サービスの内容や提供時間等を報告すること。その際、当該介護支援専門員は、必要に応じて事業者から提供されたサービスの内容や提供時間等の保険外サービスに関する情報を居宅サービス計画（週間サービス計画表）に記載すること

・通所介護の利用料とは別に費用請求すること。また、通所介護の事業の会計と保険外サービスの会計を区分すること

・通所介護の提供時間の算定に当たっては、通所介護の提供時間には保険外サービスの提供時間を含めず、かつ、その前後に提供した通所介護の提供時間を合算し、1回の通所介護の提供として取り扱うこと

② **利用者保護の観点からの留意事項**

・通所介護事業所の職員以外が保険外サービスを提供する場合には、利用者の安全を確保する観点から、当該提供主体との間で、事故発生時における対応方法を明確にすること

・提供した保険外サービスに関する利用者等からの苦情に対応するため、苦情を受け付ける窓口の設置等必要な措置を講じること。なお、指定通所介護事業者は、通所介護を提供する事業者の責務として、通所介護に係る苦情に対応するための措置を既に講じていることから、当該措置を保険外サービスに活用することが考えられる。

・通所介護事業者は、利用者に対して特定の事業者によるサービスを利用させることの対償として、当該事業者から金品その他の財産上の収益を収受してはならないこと

引用：厚生労働省老健局 総務課認知症施策推進室 高齢者支援課、振興課、老人保健課「介護保険サービスと保険外サービスを組み合わせて提供する場合の取扱いについて」Vol.678 より抜粋

介護保険外サービスを始めるには

人材募集をどうするか

新たな事業を始める場合は、スタッフを募集する必要があります。人手不足が深刻ないま、どのような媒体を使えば効果的かを紹介します。

◆ ハローワークに求人を出す場合は工夫が必要

　人を採用する際に真っ先に思い浮かぶのは、**ハローワーク**かと思われます。ハローワークに求人を出す場合は、求人媒体に広告を掲載したり、職業紹介会社を通して採用したりする場合と異なり、費用がかかりません。求人は、事業所所在地を管轄するハローワークに申し込みます。初めて求人を掲載する場合は、事業所登録の手続きが必要です。求人は、職種別、雇用形態のフルタイム・パート別に申し込みます。法令に違反する内容が含まれているもの、雇用関係ではないもの、必要な条件が明示されていないものは受理できません。また、介護保険外サービスは全国的に浸透しているとはいえないため、サービスの内容や、求人票に介護保険のサービスとは別の接客サービスであることを明記するなど工夫を凝らしましょう。

◆ 労働意欲が高いシニアに注目する

　昨今では、60歳以上の人の大半が継続して就労していますが、依然として定年を60歳に定めている企業が多いため、再雇用として契約社員・嘱託などの雇用形態で働き続ける人が多数います。ただし給与も大幅に下がり、補助的な仕事内容になる人も多いです。そのため、自宅の近くでもっとやりがいが感じられる仕事に就きたいと転職を考える人もいます。そうした人達にとって介護保険外サービスの仕事は最適かもしれません。

　「令和4年度　介護労働実態調査」(厚生労働省)によれば、回答者の介護職員の世代別の割合において60歳代は13.8％、70歳以上は2.7％と60歳以上の割合は合計で16.5％となっています。

　介護職は利用者と年代が近いため、その気持ちがわかるシニア世代と相性がよいですが、体力や資格取得を考えて二の足を踏む人もいるかと思われます。介護保険外サービスであれば、要介護者を対象としないサービスも多く、体力的に厳しくなく、資格が不要であるケースもあります。より介護の仕事が未経験のシニア世代にも門戸が開かれているといえるでしょう。

◇ 採用に使える助成金を活用する

　新たに人を採用した際に厚生労働省が管轄する雇用関係の**助成金**を利用できる可能性があります。助成金と**補助金**は同じものであると認識される人は多いですが、実態は異なります。経済産業省が管轄する補助金は、申請の際に経営計画なども添える必要があり、申請しても認められないケースもあります。これに対して厚生労働省関連の助成金は、要件さえ満たしていれば、支給される確率が高いです。申請が簡単とはいえ、毎年、制度が変わったり、申請書類を作成したりする手間もありますので、社会保険労務士のような専門家にお願いしたほうが確実です。

採用で利用できる助成金

助成金名	内容	支給金額
特定求職者雇用開発助成金	60歳以上の高齢者や障害者などの就職が特に困難な人を、ハローワークまたは民間の職業紹介事業者による紹介によって継続雇用を前提に雇い入れた場合に、対象者に応じた金額が支給されます。	40万円 （短時間労働者の場合） ※労働者の種別により金額が変わります。
トライアル雇用助成金	就業経験や技能・知識の不足を理由に安定的な就職が困難な求職者を試用で雇用する事業主に対して助成を行う制度。試行的な雇用を通して、早期就職や雇用機会の創出を図ることが目的とされています。ハローワークまたは民間の職業紹介事業者による紹介を受けて、雇い入れる場合に対象となります。	一人当たり 月額最大4万円、 最長で3か月間
キャリアアップ助成金 （正社員化コース）	有期のアルバイト・パートタイムなどの短時間労働者を正社員に転換した場合に支給されます（短時間正社員でもよい）。	80万円以上 （中小企業の場合）

出所：厚生労働省ホームページをもとに作成

08 介護保険外サービスを始めるには

従業員の教育をどうするか

業界の未経験者には研修教育が必要です。大企業のように新しく提供するサービスの本格的な研修を実施する余裕がない場合には、視察や助成金の活用も有効です。

◆ 保険内とサービスと保険外のサービスの違いを認識する

　介護保険のサービスと、介護保険外サービスは大きく異なります。特に、お客様としては全額自費であることから「費用」面の違いが大きいでしょう。したがって、細かい部分にも気を配る必要があります。例えば、ある60分の自費リハビリサービスの顧客アンケートで、最も多かったことは「予定された60分よりもリハビリの時間が1～3分少ない（多い）」というものです。これくらい細かく見られているという意識が必要です。

◆ モデルは異業種

　これから開始するサービスによっては、介護保険内サービスの接遇だけでなく、一般の高級ホテルや飲食店、地域でサービスが良いと評判の店舗（サービス）の視察なども必要です。特に価格の高いサービスの場合、接遇においては、介護保険内のサービスで求められる「アットホーム」な接遇ではなく、「プロフェッショナル」としての**ハイサービス**（高価格帯のサービス）を求めているお客様が多いので、視察を通じて「体験」してもらうことが重要です。

◆ 安全衛生に関する教育を怠らない

　労働法（**労働安全衛生法**）では、雇用形態や国籍にかかわらず、すべての労働者について、雇入時や作業内容の変更時に安全衛生教育を実施することは企業側の義務となっています。また、所定の危険有害業務に新たに就く労働者や、所定の業種で職長等に新たに就く者に対しても、所定の項目の教育を実施することが義務づけられています。

　働く人が高齢者であれば、腰痛などの体調不良を起こしやすいです。中小企業は安全衛生に関する教育をなおざりにしがちですが、利用者を守るためにもしっかりと実施すべきです。これに関連して、従業員に年に1回の**健康診断**を受診させる義務があります。パート、アルバイトであっても、下記の両方を満たす場合には健康診断の実施が必要です。

- 1年以上の長さで雇用契約をしているか、または、雇用期間をまったく定めていないか、あるいはすでに1年以上引き続いて雇用した実績がある。
- 1週間あたりの労働時間数が通常の労働者の4分の3以上である。

◇ カスタマーハラスメントへの対策も

　また対人サービスの仕事に避けて通れないのが**カスタマーハラスメント**対策です。カスタマーハラスメントとは、暴行・脅迫・暴言・不当な要求といった、顧客による理不尽で著しい迷惑行為を指します。

　厚生労働省は19日、従業員をカスタマーハラスメントから守る対策を行うよう、企業に義務付ける方針を示しました。こうした状況を受け、コンビニ大手の「ローソン」は、2024年6月から原則、実名としていた店舗の従業員の名札の表記を、イニシャルや任意のアルファベットでも表記できるようにしました。他のハラスメントと同様、カスタマーハラスメントも利用者からのクレームなのかハラスメントなのかの線引きが難しい面もありますが、社員に継続して働いてもらうためには無視できない問題です。厚生労働省では、介護現場に特化したハラスメント対策のページも解説しています（参考URL：https://www.mhlw.go.jp/stf/newpage_05120.html）。

◇ 研修や資格取得で申請できる助成金を活用する

　OJTによる教育は、できる業務が偏ったり、知識の抜け漏れが生じたりすることもあります。こうした問題を解決するため、外部の研修や資格の習得を目指すのも効果的です。外部研修を受ける場合には、**人材開発支援助成金**を利用してみることも効果的です。

　人材開発支援助成金とは、従業員に対して職務に関連した専門的な知識や技能を習得させるための訓練等を受講する企業を支援するための助成制度です。研修（OFF-JT）等を通して人材育成を行う事業者などに対し、研修における経費や研修期間中の賃金の一部を助成します。

09 介護保険外サービスを始めるには

既存の人材リソースを
どう活かすか

すでに働いているスタッフが戦力になるケースもあります。それぞれのスキルや経験を
どう活かせるか検討してみましょう。

◆ 介護事業所の場合は別部門とする

　介護事業者が新たに介護保険外サービスを展開する場合は、新たな部署
を立ち上げて、働いているスタッフを異動させましょう。介護保険サービス
の運営規定とは別に介護保険外サービスの運営方針や料金などの運営規定
を定める必要もあります。さらに、介護保険外サービスの勤務時間は、介護
保険サービスの常勤換算の勤務時間に含めることができません。

　人手不足のため、従来の介護保険サービスの部門と兼務している場合は、
次のような規制について守らなくてはいけません。

> 同一スタッフが連続して介護保険サービスと保険外サービスを実施しては
> いけない、常勤の専従スタッフは介護保険外サービスを実施してはいけ
> ない。

出所：厚生労働省老健局 総務課認知症施策推進室 高齢者支援課、振興課、老人保健課「介護保険サービ
　　　スと保険外サービスを組み合わせて提供する場合の取扱いについて」Vol.678 より抜粋

　常勤とは、事業所が定めた規定の勤務時間で勤務しているスタッフです。
例えば、週40時間を所定勤務時間として定めている場合、1週間で40時間
以上の勤務をしているスタッフは「常勤＝フルタイム」となります。**専従**とは、
勤務時間を通じてそのサービス以外に従事しない状況を指します。

◆ 対人サービス業には共通点が多い

　介護分野やシニア向けの事業を展開していないという理由で、「既存の人
材では利用者に満足がいくサービスを提供できない」と考えるのは早計です。
対人サービスには、ある種の共通点があって異業種や他の顧客であっても共
通する部分があるからです。資生堂ジャパンが提供する「ライフクオリティー

ビューティーセミナー」では、美容部員の化粧品販売で培った「初対面の人にもリラックスしてもらってコミュニケーションを行うスキル」が、介護現場においても高く評価されています。介護保険外サービスは、介護サービスや高齢者のサービスであることを前面に出さないほうが成功するといわれることもあります。

◇ 評価と昇給制度を作る

新たな介護保険サービスの仕事を専任する場合にせよ、いままでの仕事と兼務する場合にせよ、新しい業務に担当するには精神的にも肉体的にも負担が増えます。新規の事業は必ずしも成功するとは限らないので、その業務に就くことを敬遠する人もいるでしょう。

そのため、新規事業においては、減点法で評価するのではなく、加点法の考え方を採り入れ、事業が成功すれば働きに応じた評価を得られ、昇給できるような制度を設けることが望ましいです。

人事制度における減点法・加点法の考え方

減点法	加点法
減点法は、従業員のパフォーマンスや行動に対して、期待水準や規定に対する逸脱があった場合に、あらかじめ設定された基準から点数を減じていく評価方法です。具体的には、ミスや規律違反、目標未達成などがあれば、その分の点数を減らしていき、最終的な評価スコアを決定します。 注意点として、減点が重なると、従業員がモチベーションを失う可能性があります。また、減点を恐れて従業員がリスクを取らず、保守的な行動に陥る可能性があります。	加点法は、従業員が一定の基準を超えるパフォーマンスや良好な行動を取った際に、基準に対してプラスの点数を加える評価方法です。従業員が設定された目標を達成したり、それ以上の成果を上げたりした場合に、その分の点数を加えていきます。 注意事項として、加点の基準が不明確であれば、公平性を欠いた評価になりがちです。従業員間での不公平感が生まれるリスクがあります。

10 介護保険外サービスを始めるには

利用者への周知はどう行うか

良いサービスを告知できてもそれが利用者に周知されていなければ、ビジネスとして成功しないでしょう。周知にあたっては紙媒体のほか SNS 等の活用も有効です。

◆ ケアマネや自治体への周知は基本

　本書の中でも再三、述べているとおりケアマネジャーにサービスの存在を認識してもらうのは基本です。それと同様に役所や地域包括支援センターなどの窓口の担当者にサービスの内容を理解してもらうことも必要です。混合介護の疑問点が生じた際などは、こまめに足を運んで疑問点を確認してみましょう。**単純接触効果**（**ザイアンス効果**）といって、人は接触回数が多いほど親しみを感じやすい傾向があります。無理に関係性を築く必要はありませんが、ケアマネジャーや利用者から問い合わせがあった際に推薦してもらえるよう存在自体を印象づけしておくのは効果的です。

◆ 根強い紙媒体の力

　新聞の購読者数は減り、街中から書店は消えつつあります。それでも依然として新聞や紙のチラシなどを熱心に読む後期高齢者は多いです。したがって紙媒体に広告を掲載したり、手作りのチラシを作成してポスティングしたりするのは効果があります。部数が減っているとはいえ、新聞に広告を掲載するのは費用がかかるため、無料の**タウン誌**などに広告を掲載するのもよいでしょう。また病院や介護施設を経由する路線バスに**車内広告**を掲載することも効果的でしょう。

◆ 意外とSNSを駆使している高齢者もいる

　シニア層は**SNS**に疎いというイメージもありますが、実情をみるとそうとは言い切れない面もあります。例えば**LINE**は連絡ツールとして定着しており、日本国内の月間アクティブユーザー数は9,600万人という圧倒的なユーザー数を誇っています。ほぼ全年代から利用されているといえ、子ども世帯や孫世帯との連絡手段として使っている高齢者は多いです。

SNSにはグループや共有機能があり、情報の拡散性という点で優れているので、情報発信は積極的に行ったほうがよいでしょう。SNSと同様に重要なのは、Google Mapなどに記されている口コミの評価です。口コミの評価を事業者選びの判断基準にする利用者もいます。意図的に評価を上げるのはNGですが、日常的に注視するようにしましょう。

◆ 利用した顧客の情報をしっかり管理する

新規顧客の開拓だけでなく、サービスを利用していたくれた顧客にリピーターとなってもらえるような工夫も必要です。アフターケアをしっかりすることで、月額制会費サービスの申し込みや顧客の紹介などにつながります。

SNSはこのような顧客のアフターケアにも有効です。新たなサービスを始めたり、機器を導入したりした場合の告知や利用者の誕生日メッセージの送付などに活用でき、DM送付などと比べ、費用をかけずに実施できます。

主な周知の方法

方法	費用	効果
新聞広告	かかる	目にとめてもらいやすい
タウン誌	無料（媒体による）〜少額	新聞よりは拡散性は下がるが、目にとめてもらいやすい
車内広告	かかる	病院や介護施設を経由するバスなどへの掲載が効果的
SNS	無料	グループ・共有機能などによる情報発信、アフターケアに有効

介護保険外サービスを始めるには

11 利用者の満足度を上げるには？

サービス業で成功するためには、リピーターを増やし、口コミによる紹介につなげることが王道です。高い広告費をかけずに集客できるため、利益率も高くなりますが、利用者の満足度を高める必要があります。

◆ 業務を標準化する

介護保険外サービスの仕事は、対人サービスの仕事が多いでしょう。製造業などと比べて対人サービスは、品質のバラツキ性(サービスの品質がその都度、顧客ごとに異なる)が発生しがちです。スタッフに一任するのではなく、目指すサービスのレベル感を明文化しておくのが望ましいです。また、言葉遣いにも注意が必要です。ハイエンド向けのサービスを提供する場合は、特に介護保険サービスで見落としがちな、丁寧語、方言に気を配りましょう。

◆ アンケート調査などをスタッフに可視化

利用者へ満足度や不満な点を確認するアンケート調査を実施する事業者もいるでしょう。こうしたアンケート調査はただ実施しても意味がありません。スタッフ全員に共有し、いつでも見られるようにしておく必要があります。また、サービスが良かった／悪かったという結果だけでなく、何が良かったのか、何が不満だったのかプロセスについても明確になるようにしましょう。

◆ クレームを放置しない

カスタマーハラスメントの対策をする一方、クレームに対しては、真摯に受けとめ、改善する必要があります。クレームの対応法は第6章で詳細に解説しますが、犯人探しをして当事者を注意したり責めたりするだけでは、再発する恐れがあります。組織的に防ぐ方法がないかを検討してみましょう。

◆ 挨拶などの基本動作を疎かにしない

　サービス業では、働いているスタッフの雰囲気も重要となります。優れたスキルを持ったスタッフや最新の機器を取り揃えていても挨拶がなく、スタッフの笑顔がなければ、次回から足を運ぼうとする気が起こらないでしょう。トップダウンでスタッフにやらせるだけでは、作られた笑顔として利用者に見抜かれてしまいます。昨今特に、仕事のパフォーマンスを上げる要素として**心理的安全性**が重視されています。ハラスメント対策をする、評価制度を導入して頑張った人には還元（仕事が増える状況だけにならないようにする）するように留意しましょう。

◆ 成功している事業者の良いところを採りいれる

　同業他社の良いところを採りいれるのも効果があります。業界のトップランナーについての情報は自然と耳に入ってくるでしょうし、保険外サービス活用ガイドブックではそれぞれの分野で成功している事業者の事例が取り上げられています。見学を受け入れてくれる事業者もありますので、依頼してみましょう。

利用者の満足度を上げるためのポイント

- サービスの質の標準化
- スタッフへの利用者の満足度の共有
- クレームへの対応
- スタッフの満足度、心理的安全性の向上
- 同業他社の成功事例の共有

介護保険外サービスを始めるには **4**
⑪利用者の満足度を上げるには？

COLUMN 介護保険外サービスの法的注意点

弁護士法人リーガルプラス

弁護士　谷　靖介

・保険外サービスへの法規制について

　介護保険外サービスには人員配置要件などの介護保険法に基づく法規制は適用されません。他方で、他の法規制に注意をする必要があります。

　例えば、①保険外サービスの典型的なサービスである家事代行サービスについては、介護事業者に雇用されている職員によりサービスを提供する場合、職員に対する直接的な指揮命令も介護事業者が行うものとなります。そのため、労働基準法における労働者に該当し、労働時間に応じて雇用保険や社会保険への加入が必要になります。

　また、家事代行サービス会社は基本的に有料職業紹介事業の許可は必要ありませんが、利用者やその家族から直接的な指揮命令を受ける場合は派遣法の規制に抵触しないような注意が必要です。

　②保険外サービスにおいて利用者や家族の送迎をする際も、道路運送法の規制に抵触しないよう、注意が必要です。保険外サービスとして対価を伴う送迎輸送を行うためには、基本的に介護タクシーを利用する必要があります。行政の許可や登録を受けずに有償での送迎輸送を行うと、いわゆる白タク行為になり、道路運送車両法違反として刑事責任を負う事態にもなりかねないため注意が必要です。

・保険外サービスの契約時に法的に気を付けること

　要介護度が高いほど保険外サービスのニーズの高くなりますが、利用者に認知機能の低下がある場合、果たして契約内容をしっかり理解できているのか、注意が必要です。

　保険外サービスの契約を締結する場合、利用者および家族に契約書やその内容や料金を丁寧に説明をし、利用者の真意に基づく契約であり、かつ、キーパーソンや家族がサービスの内容や料金をしっかり理解をしているかが重要となります。

認知能力が低下している利用者の場合は、後日の法的トラブルを回避するために、契約締結状況や説明状況を録音するなどの証拠化も有用です。また、利用者に成年後見人や任意後見人が就任している場合、後見人との契約が必要となります。

・利用料の未払い対策

　また、保険外サービスの利用料の未払いについても注意が必要です。保険外サービスは全額利用者の自費負担であり、介護保険からの支払がないことから、未払い時は提供したサービスの対価を得られないことになります。

　未払い発生時の法的措置として、支払督促・少額訴訟・強制執行などの手続きはありますが、10万円以下の債権回収のためにこれらの法的措置は費用倒れになりやすいものです。

　未払い問題の回避のため、法的には、利用者のキーパーソンや家族との間で、極度額を定めた連帯保証を合意しておくことがお勧めです。具体的には「連帯保証人は、甲（利用者）が乙（介護事業者）に対して、本契約において負担する一切の債務を極度額50万円の範囲内で連帯して保証する。」などの連帯保証条項を保険外サービスの契約書内に盛り込み、その契約書に連帯保証人の署名・捺印を取りつける、といった方法が有用です。

・執筆者情報

　弁護士法人リーガルプラス　代表弁護士
　谷　靖介（たに　やすゆき）
　社会福祉法人など多数の介護事業者の顧問弁護士を務めており、所内研修、介護事業者におけるクレーム・トラブル対応などに精通する弁護士。

⑤ 介護保険外サービスの成功事例

　介護保険外サービスで成功している事業者はどのような取り組みを行っているのでしょうか。本章では、サービス内容の異なる3つの事例とともに、成功させるためのポイントや注意点を紹介します。

介護保険外サービスの成功事例

自費のリハビリテーション事業

保険外の自費のリハビリテーション事業は、医療・介護保険の対象外の範囲のリハビリテーションを自費（10割負担）で提供するものです。近年ではそれだけにとどまらず、医療・介護保険内では活用が難しい最先端の機器の導入や再生医療と連携する事例もあります。

◇ サービスの概要

自費のリハビリテーション事業では、リハビリテーションに携わるための国家資格である理学療法士、作業療法士、言語聴覚士などの専門職を中心として、脳卒中の後遺症に悩む利用者を対象に運動機能や日常生活動作（ADL）等の改善、維持、向上のためのサービスを提供します。2017年から筆者が経営する「脳梗塞リハビリステーション・グループ」の場合、下記のようなサービスを提供しています。

提供サービスの特徴

サービスの種類	内容
身体リハビリプラン	身体機能の改善などを通じて、外出や職場への復帰、家事など、再び取り戻したい生活へアプローチするプログラムを提供
言語リハビリプラン	言葉がスムーズに出てこないといった言語の問題のほか、注意力や集中力の低下、飲み込みなどの課題にアプローチするプログラムを提供
ヨガ／ピラティス	各インストラクター資格を有する理学療法士・作業療法士等が脳卒中後遺症の利用者に向けた専門のプログラムを提供
歩行特化リハビリコース	歩行改善を主目的としたコース。歩行訓練、足・体幹・手のリハビリや、歩行訓練の専用装置の活用、医師との連携など多彩なアプローチを実施
再生医療併用コース	医療機関と連携し、再生医療とリハビリテーションを連携しながら実施するサービス。再生医療には、比較的手軽に可能な幹細胞培養上清液の投与や、幹細胞治療等を選択することができる
鍼灸	身体リハビリと併用して効果を高めることができる。リハビリプランのオプションとして提供している
各種リハビリ相談	「自分の症状は改善できるのか」といった相談対応を無料で行い、要望する方には体験サービスも提供している

主な利用者は、保険が適用できない、または保険内で受けられるリハビリに満足できない方となります。保険で受けられるリハビリテーションに比べ、利用頻度や時間を自由に設定可能で、より個別具体的な対応が可能な点が喜ばれます。改善に対して強い意欲を持った利用者や家族のニーズを受け止めるサービスとなっています。

損益のイメージ

単価イメージ

２ヶ月間週２回コース：15万円／月

モデル収支

・売上：月300万円

・費用：月220万円（内訳：人件費150万円、家賃40万円、広告宣伝費30万円等）

・利益：月80万円

◇ サービスが生まれた背景

もともと医療保険で受けられるリハビリは脳血管障害の後遺症に対して最大150日、脳血管障害のうち、高次脳機能障害を伴うものに対して最大180日の期限が設けられていました。しかし、最近のヒアリングでは、100日前後まで減少している状況にあるようです。これは、大きくは在院日数を短縮の方向へ誘導する制度側の影響を受けています。

また、回復期リハビリテーション病棟でも、より短い在院日数でADLの改善を行えるかどうかが評価基準となっています。そのため、集中した短期間の間に、生活能力を取り戻すことが医療機関でのリハビリの主要な目的となっています。

これにより、より長期にわたってリハビリに取り組みたいというニーズや、例えば代替の手段を用いることで生活機能の再獲得を目指すだけでなく、麻痺の改善に直接、じっくり取り組みたいというニーズに対応することは難しくなっています。

　医療機関から退院したあとは、主に介護保険を活用したリハビリテーションサービスを受けることが可能となります。ただ、こちらの場合、リハビリテーションは集団リハビリがメインで、マンツーマンのリハビリは減少してしまいます。目的が改善ではなく、現状の維持になりやすいということもあるため、やはり改善のためにリハビリを集中的に行いたいというニーズに対応するのは難しくなります。

　他にも、若い方の場合、高齢者の多い環境でリハビリに励むということが、どうしても慣れないという場合もあるようです。

　このように、病院でのリハビリは期限ありきの目標設定となってしまい、退院後も十分なリハビリ環境が整備されているとはいえません。そもそも公的保険はすべての患者のニーズに対応することはできません。

　しかし、方法があるならばもっと改善したい、リハビリに励みたいというニーズを持った方は多くいます。自費のリハビリテーション事業は、そういった方のニーズに応えることを目的として誕生したというのが背景になります。

◆ 立ち上げに必要なこと

　自費のリハビリテーション事業は保険を使用するものではありませんので、一般の介護サービスのように人員基準や設備基準が明確に存在しているわけではありません。それを前提の上で、筆者が考える最低限必要なポイントについて紹介できればと思います。

❶人員

　まずは人員としては、事業の中心人物となるスタッフ（センター長）が1名必要となります。リハビリの提供や渉外業務、事務業務等、オールラウンドに業務を遂行する能力が求められます。身体リハビリがニーズとしては豊富なこと、専門的なアプローチが求められることから、理学療法士もしくは作業療法士の資格を持ちつつ、医療機関でのリハビリの経験が十分にあり、かつ

その中でも一定年数以上、脳血管疾患に対するリハビリに従事した経験を求めます。リハビリに対する情熱はとても大切になるので、どのような自己研鑽を行ってきたか等の意識も大切になります。

また、医療機関と異なり、リハビリ以外にも営業や接客等、多岐の業務を行う必要があります。事業担当者として、常に業務改善を行ってもらう必要もあります。このような意識をもった人物であることも大切になるでしょう。

❷マーケティング

保険外のサービスの場合、医療機関や介護施設への営業活動を実施すると、医療機関のソーシャルワーカーやリハビリ専門職からは好意的な反応が得られますが、実際に紹介を受けることができるかというと、実績が乏しい立ち上げ当初などは難しいでしょう。紹介を得られるだけの信頼を得るためには、実績を積み重ねる必要があります。介護施設からは「価格が高い」という反応が多く、そもそも詳細な話を聞いてもらうことが難しい場合もあるでしょう。

この状況を打破するには、地域の認知度を高める必要があります。具体的には、当事者や医療・介護職向けの研修会の実施等が考えられます。例えば、前述の「脳梗塞リハビリステーション・グループ」では、設立当初から「脳梗塞リハビリフォーラム」の名称で地域に向けた脳卒中に関する教育・啓蒙活動を実施してきました。最初のお客様は、この研修に参加した訪問介護事業所の訪問ヘルパーからの紹介でした。要介護5の車いす利用必須の方で、週2回のリハビリテーションを実施することを通じて立位保持、支えられての歩行が可能になり、体重も5kg増加するなど、医療介護事業者も驚く成果を上げることができました。

この結果により、地域での知名度も上がり徐々に紹介が増えていきました。保険外サービスは、そもそもの場合サービスの認知度が低くなかなか紹介につながらないという課題があります。こういった地道な活動を通じてサービスの意義や成果を広く知ってもらうことが必要になるでしょう。

❸価格をどのように決めるか

　第4章でも述べましたが、価格の決定は重要です。保険外のリハビリサービスの場合、「最も利用する顧客は誰か?」という視点から絞り込んでいくことがよいでしょう。例えば、特別富裕層ではなく一般的な方が手の届く範囲の価格帯と決めた場合の、自社のコスト分析、競合分析等を実施し、それを基に慎重に値付けをしていくことになります。

　価格設定については、安易に利用しやすいように低価格に設定することは避けたほうがよいでしょう。保険を適用しない以上、専門職を雇用し続けるためにも相応の対価を取ることが大切です。仮に「高い」という声が挙がったとしても、価値／価格が高ければ、サービスを受けたいという顧客は存在します。

　「脳梗塞リハビリステーション・グループ」は2017年に九州で事業を開始しましたが、当時は九州ではほとんど見られないサービスであったため、イノベーター理論*におけるアーリーアダプター層（流行に敏感で自ら情報収集を行い判断する人のこと）を顧客として想定し、多少高価格であってもサービスを利用するのではないかとの仮説を立てました。

　また当時、パーソナルトレーニングが世間に広く浸透していった時期ということもあり、その価格を参考基準の1つとして活用することができました。

　加えて、すぐに高額なサービスを利用してもらうことはハードルが高いと考え、割引の体験プランを設定して、リハビリを継続できる体制や信頼関係などのパートナーシップが築けるか確認するための時間を設けるようにしました。

　現在では、1回90分5,500円の特別体験プログラムから各種のリハビリサポートをパッケージ化した60日間改善リハビリまでを取り揃えています。

***イノベーター理論**　新しい商品・サービスなどが市場に浸透する過程を5つのグループに分類したマーケティング理論のこと

介護保険外サービスの成功事例 **5**

① 自費のリハビリテーション事業

「脳梗塞リハビリステーション・グループ」の価格の例（2017年当時、体験は2024年）

「60日間改善リハビリ」 本格的な改善を諦めない方		8回プラン	
内容	施設利用回数	内容	施設利用回数
施設内リハビリ ・理学療法士 ・作業療法士による施術 ・トレーニング	**全16回** （1回90分）	**施設内リハビリ**	**全8回** （1回90分）
カウンセリング ・リハビリ計画	価格	**カウンセリング**	価格
自宅リハビリサポート ・自主リハビリ計画表 ・自主リハビリ課題 ・ご家族向け自主リハビリ補助 ・生活介助の指導、相談	**¥275,000**	**自宅リハビリサポート**	**¥144,000**
		電話によるサポート	

特別体験プログラム 体験プログラムは3回までお受けいただけます。2回目3回目はそれぞれ11,000円となります。		
初回問診		
身体リハビリ体験	**実施時間・費用**	（1回90分） **5,500円**
カウンセリング （脳梗塞リハビリステーション アセスメントシート）		

◆ 介護事業者が運営を行うケース

　自費のリハビリテーション事業を介護事業者が行うケースも増えています。これは、必要となる人材と対象となる利用者が、既存の介護事業と重複し、シナジーが生まれるため、参入しやすいという背景があります。

　最もわかりやすい例だと、施設の一部を事業用のスペースに改修し、理学療法士もしくは作業療法士を他の介護サービスと兼務させながらサービス提供を開始するというものです。この場合、例えば高齢者住宅の使われていない一室や、デイサービスの一部等を改修してサービスを提供します。新規の物件取得を伴わないため、試験的にスタートしてみたいというケースでも有効でしょう。ただし、同時間帯に実施する場合は、リハビリ中はデイサービスの人員に換算できないので注意が必要です。

　すでに高齢者住宅を運営している事業者が、近隣に物件を借りて開設する

というケースもあります。この場合、施設そのものは独立していましたが、入居者にも複数自費のリハビリへのニーズがあったため、週に2回程度、施設まで訪問して集中的にリハビリを行うというサービスを実施するようになりました。こちらも、既存の介護事業とのシナジーが生じた例になります。

介護サービスとの兼務から始める場合の勤務のイメージ

※自費リハビリテーションに携わらない時間はデイサービスの「専従」の職員としての要件を満たす。
ただし、兼務状態の場合、「常勤」の要件は満たさなくなることは注意

●成功のポイント
・利用者や医療・介護職向けの研修を実施し、地域での認知度を向上
・アーリーアダプター層向けを想定し、当初からきちんと価格設定
・高価格にしつつも、ハードルが高い人向けに体験プランなどを充実化

02 介護保険外サービスの成功事例

老人ホーム紹介と片づけ・住まい整理のワンストップ事業

直接的な医療・介護サービスの提供ではなく、入居できる老人ホームを紹介するサービスや、自宅を整理して不用品の処分も行うサービスなどで売上を伸ばしている会社もあります。医療・介護事業者以外にも、不動産業者など地域密着の他業種にとって魅力的な事業といえます。

◆ サービスの概要

　一言で老人ホームといっても、その種類は多様です。提供されるサービスの内容はもちろん、環境や立地、入居費用や月々にかかる費用など自分に合った老人ホームを探すのは大変です。そうした課題を解決するため、老人ホームを探している人に向けての要望や状況に合った老人ホームを紹介するのが「老人ホームの紹介センター」です。収益は、老人ホームから支払われる紹介手数料で得ています。

　老人ホームの紹介センターは、本業との兼務であれば固定費はその1名の人件費のみで、あとは広告宣伝費をかけるだけで始められます。固定費が低いわりに単価が高く、スモールスタートがしやすい事業といえるでしょう。本業の事務所もしくは店舗を使えば対人でサービスを提供することもできます。地域密着で事業を展開している会社であれば、この点でネットの紹介サービスに対する優位性を持つことも可能になります。利用者の気持ちに寄り添ったきめ細かなサービスは、まだまだ人でなければ提供できない部分もあるでしょう。

損益のイメージ

1件の紹介手数料を20万と仮定した場合
・売上：月60万円（売り上げは低めだが複合的な事業展開を想定する）
・費用：月30万円（内訳：人件費25万円等）
・利益：月30万円

立ち上げの手順は次のとおりです。ここからは、それぞれの対応について見ていきましょう。

---

① 担当スタッフの決定（兼務）
② 周辺の情報収集（入居系サービス）、紹介契約の締結
　（パンフレット、価格表 、特長をまとめた資料、その他必要な資料 、現地写真の準備）
③ 入居系サービスの整理
　（立地による整理、価格による整理、医療・看護ニーズ対応による整理）
④ ツールの作成
⑤ 担当スタッフの介護保険・高齢者の住まい法等の関係法規の学習
⑥ ブースの設置
⑦ 地域への訴求（折込、居宅等にPR）
　ホームページ上でも、リアル店舗同様に、最低３つの入り口で整理する（立地による整理、価格による整理、医療・看護ニーズ対応による整理）
　・上記を実施するためにも各種ツールやチェックリスト等が必要になる
　・利用者のニーズを確認するためのヒアリングシートも必要になる

---

①担当スタッフの決定

老人ホームの紹介センターを立ち上げる際、最初に重要なのは担当スタッフの決定です。適任者としては、介護保険や介護サービスに関する深い知識を持ち、顧客対応のスキルが高い人物が理想です。また、顧客の多様なニーズに柔軟に対応できるコミュニケーション能力や、問題解決能力も求められます。介護事業者が運営する場合は、介護事業に精通しており、サービスの専門性を理解したスタッフを選定することが重要です。また、新しい会社を立ち上げての運営となるため、できれば経営的視点や業務の効率化にも目を配れる人材が求められます。

②周辺の情報収集（入居系サービス）、紹介契約の締結

次に、紹介センターが取り扱う入居系サービスに関する情報収集を行い、施設との紹介契約を締結します。この段階では、各施設のパンフレットや価格表、特徴をまとめた資料を用意することが大切です。また、現地の写真を含む資料も準備し、施設の雰囲気や設備の状況を具体的に伝えることができるようにします。さらに、各施設が提供するサービスの特長や、利用者が必要とする資料を整理しておくことで、顧客に対してわかりやすい説明が可能になります。特に医療・介護の受け入れ対象者については重要になります。紹介契約の際には、契約条件や手数料の取り決めなどをしっかりと確認し、双方が納得の上で合意することが求められます。また、施設の評判や過去の実績も調査し、信頼性のあるパートナーシップを築くことが大切です。

③入居系サービスの整理

収集した情報をもとに、提供する入居系サービスを整理します。ここでは、「立地」「価格」「医療・看護ニーズ対応」の３つの観点でサービスを分類することが重要です。「立地」による整理では、アクセスの良さや周辺環境の快適さをグルーピングするなどで整理します。「価格」による整理では、利用者の予算に応じた施設を提示できるようにし、高額施設からリーズナブルな施設まで幅広くカバーします。費用のシミュレーションをお客様と一緒にできる体制を整えることも効果的でしょう。「医療・看護ニーズ」対応による整理では、特に介護度が高い利用者や医療・看護サポートが必要な利用者向けの施設であるかどうかを確認します。これにより、顧客が自分のニーズに最も合った施設を簡単に見つけられるようになり、紹介業務がスムーズに進行します。

④ ツールの作成

次に、保険外サービスの案内資料を作成します。サービス内容の特徴や提供するメリットをわかりやすく説明し、顧客が抱きやすい疑問に対する回答を事前に用意しておくことが求められます。また、価格表や利用の流れを視覚的にわかりやすく表現し、初めての利用者でも簡単に理解できる内容であるとよいでしょう。さらに、施設の写真やスタッフの紹介を通じて、施設の雰囲気や信頼性を伝えることが重要です。

⑤担当スタッフの介護保険・高齢者の住まい法等の関係法規の学習

　担当スタッフがサービスを提供する際、介護保険法などの関係法規に対する理解は不可欠です。特に、介護保険や**高齢者住まい法**（**高齢者の居住の安定確保に関する法律**）に関する知識は、適切なアドバイスを提供するために必要です。スタッフはこれらの法律や制度について継続的に学習し、最新の情報を把握しておくことが求められます。法規の学習は、業務の基盤を築くものであり、誤った情報提供を避けるためにも重要です。介護や医療の世界は専門性も高く、わかりづらいことも多いので、すでに業界のノウハウがある介護事業者が事業を行うことのシナジーとなるでしょう。

⑥ ブースの設置

　ブースの設置場所は、一般のテナントやショッピングモール内となるでしょう。アクセスの良さや顧客の利便性を考慮して決定します。また、ブースのデザインや配置も、顧客がリラックスして相談できる環境となるよう整えることが重要です。例えば、プライバシーを保護するために個別相談スペースを設ける、資料が見やすいようにディスプレイを工夫するなどの配慮が求められます。さらに、サービス内容や施設の情報をすぐに確認できるパンフレットや資料を常備し、顧客が自分で情報を収集しやすい環境を提供します。これにより、顧客が安心して相談でき、サービス利用への第一歩を踏み出すことが期待できます。

⑦ 地域への訴求

　地域への訴求活動は、老人ホームの紹介センターの知名度を高めるために欠かせない手順です。まず、地域新聞の折込広告やポスティングを通じて、地域住民にサービスの存在を広く周知します。フリーペーパーも有効な場合があります。特に、ターゲットとなるエリアを絞り込み、効果的なPRを行うことが重要です。また、地域の居宅介護支援事業所や医療機関とも連携し、サービスの紹介を促進します。さらに、ホームページ上でもリアル店舗と同様に、立地、価格、医療・看護ニーズの3つの観点でサービスを整理し、顧客が簡単に情報を見つけられるようにします。オンラインとオフラインを組み合わせた訴求活動により、広範囲な層にサービスをアピールし、集客効果を

高めることができます。県内全域など広範囲で施設を取り扱う場合は、インターネット広告も有効です。

⑧その他の体制構築について

これらの手順を円滑に進めるためには、各種ツールや**チェックリスト**が不可欠です。例えば、紹介センターでの業務がスムーズに進行するよう、スタッフ用のマニュアルや顧客対応の手順書を整備します。また、利用者のニーズを正確に把握するために、**ヒアリングシート**を準備し、顧客の希望や不安を漏れなく確認できる体制を作ります。これにより、顧客のニーズに合った最適なサービスを提案できるようになります。さらに、新たな会社を立ち上げる場合、事業の運営体制やマニュアルも初めから構築する必要があります。特に法務や財務など、運営に必要な基盤をしっかりと整えることが成功の鍵となります。

◆ 専任スタッフの役割

この事業を成功させるためには、専任スタッフが適切に業務を実施し、提携先や利用者との信頼関係を築いていくことが大切となります。まず、提携先に対しては毎月必ず定期訪問しましょう。最新の情報を収集するとともに、必要な利用者をスムーズに紹介できるようにしておきます。このため、管理する施設数も40〜60施設程度と、ある程度基準を設けておくとよいでしょう。

相談者に対しては、老人ホームの情報を紹介するだけでなく、老人ホームへの見学にも同行するようにします。実際に見学をしてもらいながら、どのような点がお勧めできるポイントなのかを解説したり、施設側の見学対応をサポートすることで、相談者の意思決定のサポートも行います。このような点から、専任スタッフは特別養護老人ホーム・介護付き有料老人ホーム・サービス付き高齢者向け住宅等の老人ホームの種類の違いや施設ごとの特長を理解している必要があります。加えて、入居者の気持ちや老人ホームのスタッフの気持ちを把握することに長けていることも求められるでしょう。

他にも、どのような基準で老人ホームを選ぶかの判断基準の提供も大きな価値になります。老人ホームの選び方については拙著『定番必携　はじめてでもわかる!介護施設＆老人ホームのさがし方・選び方』(サンライズパブリッ

シング）」に詳しく掲載しております。以下に見学のポイントを整理します（一部改変）。

　現在してもらえる対応だけでなく、介護度が重くなった際の対応についても確認しましょう。不安や疑問点はささいなことかもしれないと思っても遠慮なく質問することが大切です。

チェックリストのサンプル

見学日：　　　　　担当名：

ホーム名（運営会社）						
所在地						
電話番号			FAX番号			
立地	最寄駅		線　　　　駅 線　　　　駅	送迎サービス	有・無	
	駅からの交通手段・所要時間					
	周辺環境	商業施設		自然		
	所感					
施設概要	設立年月日			建物	階建・　棟	
居室数		（内個室）		（内夫婦部屋）		
空室数		（内個室）		（内夫婦部屋）		
費用	入居金			返還金制度	有・無	
	初期償却	％	償却期間			
	月額費用					
	月額費用内訳	食費				
		家賃				
		管理費				
		その他費用/（内訳）				
	別途費用項目					

介護保険外サービスの成功事例 **5**
⓿② 老人ホーム紹介と片づけ・住まい整理のワンストップ事業

老人ホーム見学のポイント

① 職員の態度や食堂の雰囲気は（見学のお勧め時間はランチタイム）？

② 普段の食事は刻み食などに対応しているか？

③ 法人が理念を持っているか？　また施設長が見学時に顔を出してくれるか？

④ 周辺の環境や交通手段に不都合がないか？

⑤ 居室と同じように共有スペースは快適か？

⑥ 併設事業所のサービスはどのようなものか？

⑦ 自費のサービスはどのようなものか？

⑧ 外出・外泊や家族の面会はどれぐらい自由か？

⑨ レクリエーション・リハビリテーションがどんな風に行われているか？

⑩ 介護度の変化に対する準備はどうなっているか？

⑪ 病院やより重介護用の施設へ移らなければならない場合の基準は？

⑫ 施設を退去する（しなければならない）場合の基準は？

⑬ 介護度3以上の対応や、看取りまでしてくれるのか？

◆「片づけ・住まい整理」事業の併設

　老人ホームの紹介センターは、長く暮らした自宅を出て終の棲家に移り住むという、非常に大きな決断の瞬間に立ち会う事業となります。これに付随して、財産の処分や終活の準備など様々な必要が生じる場面にもなるといえます。

　そこで、例えば「自宅の片づけ・住まい整理」事業と連携することも有効です。「自宅の片づけ・住まい整理」事業は、自宅を整理して不用品の処分も行うサービスとなります。老人ホームに入居することで住む人がいなくなる場合、最終的には自宅の処分を行う必要が出てきます。その前準備として整理や家具等の処分が必要になりますが、「片づけ・住まい整理」事業を併設することで、老人ホームを紹介した相談者に対し入居まで必要なサービスをワンストップで提供することができるようになります。地元の不動産会社がこれらの事業を運営していれば、不要となった自宅や土地の処分や管理なども引き受けることが可能となり、高いシナジーを引き出すことができます。

片づけ・住まい整理サービスの利用対象者は、次のような人達で介護領域とは近いものがあります。

・断捨離したいが自分では進められない

・老老暮らし・老老介護で大きな家財を動かせない

・車椅子・歩行器・杖でも動きやすい家にしたい

・在宅治療・在宅介護用の用品が家に置けず困っている

・施設に入居するので住居を片付けたい

・家がゴミ屋敷になっている

・実家を片付けたいが家が遠い・忙しくて難しい

　要介護認定を受ける前後、老人ホームに入居する直前などがニーズの高まるタイミングとなります。不動産業以外にも、リフォーム業や、従来の介護保険サービス事業で新規顧客とつながるきっかけの1つとなることも期待できる事業といえるでしょう。

　売上の柱は作業費です。リサイクル品の回収、販売なども行うことができます。ただ、ルート確保が必要であり、目利きなどのスキルも必要となるため、専門性を高めるにはやや時間が必要となるでしょう。なお、事業を始める際には、古物商許可 、産業廃棄物収集運搬業 、家電リサイクル取扱、一般廃棄物収集運搬業許可の資格をとる必要があります。

介護保険外サービスの成功事例 5
02 老人ホーム紹介と片づけ・住まい整理のワンストップ事業

損益のイメージ

- 売上：月160万円（月10件受注）
- 費用：月85万円（内訳：人件費45万円、家賃10万円、広告宣伝費30万円等）
- 利益：月75万円
- 高齢者宅は1～2LDKが多いイメージ
- サービスの単価は16万円

「老人ホーム紹介」と「片付け・住まい整理」事業のシナジー

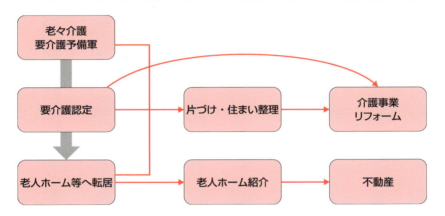

●成功のポイント

- 業界知識と顧客対応スキルのあるスタッフを選定
- 利用者向けの資料とスタッフ向けのマニュアルの充実
- 「片づけ・住まい整理」事業と連携することで高いシナジーを引き出す

03 介護保険外サービスの成功事例

介護業界に特化した
人材紹介サービス

事業所の展開する地域での人材紹介事業を実施し、介護保険外サービスとしての売上を確保すること加えて、人材採用の課題に対応するサービスです。近年の働き手不足によりニーズが高まっています。

◆ サービスの概要

　人材紹介事業は求職者と求人企業の間を取り持ち、マッチングさせる事業です。求職者と企業との間で雇用契約が成立した場合に求人企業から受け取る紹介手数料が主な収入となります。

　紹介手数料は、紹介した人の初年度想定年収の20 ～ 30%が相場となっていますが、第3章で述べたように介護人材の不足の状況を受けて高騰している傾向があります。事務所と職業紹介責任者さえ用意すれば、機器などの設備投資がかからないので、老人ホームの紹介業と同様に初期投資が少ないビジネスです。最近では、ショッピングモールに紹介センターとして出店する例もあります。もちろん、他社への紹介のほかに、自社での採用も可能です。

損益のイメージ

・売上：月250万円（人材紹介200万円、研修50万円）※人材紹介を1件40万円×5件と想定
・費用：月190万円（人件費90万円、広告宣伝費50万円、家賃30万円、その他費用20万円）
・利益：月60万円

業界知識を活かせる

転職エージェントともいわれる人材紹介業に介護事業者が進出するのは、意外だと思う人もいるかもしれません。職員を確保するために人材紹介会社を利用することがあっても、他の介護事業所に紹介するだけの余裕がないと考えられるでしょう。しかし介護事業者が介護に特化した紹介業に進出する場合、次の2つのアドバンテージがあります。

まずは業界や仕事の内容に精通していることです。介護業界といっても様々な職種があり、求められるスキルも異なります。自ら事業を営んでいることにより、業務に精通しているため、求人企業と求職者の間に立ち、適切なマッチングが可能です。

次に、人材紹介事業は厚生労働省の管轄の元、職業安定法という法律で運用ルールが定められています。介護保険法と同様に法律の改正も頻繁に行われるので、改正に伴う業務の変更に慣れているのも強みといえます。なお、事業者が社会福祉法人の場合は、営利を追求しにくいので別会社とする場合が多いです。

近年の職業安定法の改正	
2021年4月	「就職お祝い金」の禁止
2022年10月	求人等に関する情報の的確な表示の義務化 個人情報の取扱いに関するルールの整備 求人メディア等に関する届出制の創設
2024年4月	最低限明示しなければならない労働条件の追加明示事項

◆ 立ち上げまでの流れ

　有料人材紹介事業を行う場合、有料職業紹介許可申請が必要となります。また、介護人材に特化した人材紹介を行う場合、未経験者の入り口や経験者のキャリアアップの手段として、初任者・実務者研修の実施機関としての指定申請も受けたいところです。事前準備として、これらを行い完了させることになります。

・有料職業紹介許可申請のポイント

　有料職業紹介許可申請を行う場合、要件は複数ありますが、最も重要となるのは**職業紹介責任者**の選任となります。担当者を決定し、「**職業紹介責任者講習会**」を受講する必要があります。担当者は、介護職のキャリアに対しての知見を有し、かつ紹介先企業との関係を構築するための渉外業務も行わなければならないため、できれば経験の豊富なケアマネジャーや生活相談員等の経験を持つ方を指名するのがよいでしょう。

　職業紹介責任者を決定し講習会を受講させ、立地やゾーニング、研修の実施が可能な面積を有している等、要件を満たすための物件を取得し、各種規程等の整備も行った上で、許可申請をするという手順になります。各種準備も考慮すると、申請には2〜3ヶ月かかることになるでしょう。

・初任者・実務者研修の実施機関について

　各種研修の実施機関としての指定を受ける場合、事業開始の2ヶ月前までに申請を完了する必要があります。申請先は各都道府県となります。いくつか要件はありますが、一番大変なのは定められた研修科目および研修時間を満たすための講師陣を設定しなければならないというとことです。これをすべて自前でまかなうのは難しいというケースもあると思います。そういった場合は、連携可能な教育機関を探すなどの方法も選択肢の1つとなるでしょう。

　このような制度上の要件をクリアした上で事業を開始することが可能になります。

◆ 業務上の注意点

　介護事業者が介護に特化した人材紹介を行う上でのアドバンテージについては先述しましたが、それと隣り合わせになる注意点があることも抑えておかなければなりません。地域に密着した介護事業者にとって、地域での評判や施設同士の横の連携等は、非常に大切なものになります。求職者に対しても介護事業者に対しても、質の高い対応をしっかり行い信頼を獲得する必要があります。

　求職者に対しては必ず面談を行い、しっかりとニーズ等を聞き取る必要があります。これまでどんな経験を積んできて、これから何を目指していきたいのか、管理職、ケアマネジャー、生活相談員等の経験を持つ担当者が相談にのり、時としてアドバイスも行います。その上で、本人が希望した方向性に合致する事業所がないかを探し、紹介するようにしましょう。業界経験のある方が丁寧にしっかりと対応することで、ニーズもより捉えることができるようになり、希望にマッチした事業所を紹介することが可能になります。

　求人企業と求職者のミスマッチは誰も幸せにならず、自社の信用にも影響を及ぼします。地域の介護人材一人ひとりが、真に活躍できる場所を探すという気持ちで向き合うことが大切です。

　また、このような取り組みは、他の介護事業者の信頼を得るためにも必要です。人材紹介を始めたとなると、周囲からは「良い人材を独占する気なのではないか」という目を向けられることにもなります。紹介業としての信頼はもちろん、本業である介護事業での信頼を維持するためにも、やはりミスマッチをなくすための努力が大切になります。

　こういった意味で、地域の他事業所の情報にも精通していることが求められます。それぞれの事業所の特長や雰囲気等をある程度把握しているかしていないかでは大きな差になります。そうして、求職者と行った面談の結果を考慮しながら、最適な人材を紹介するというところへつなげられれば、事業者からの信頼を得ることにもつながります。

　求められることは多くはありますが、地域の介護事業者だからこそできることもあるでしょう。

成功のポイント

　人材紹介事業を成功させるためには、何よりも求職者の数を確保し、紹介件数を増やし、安定した収益を上げ続けるということが必要です。

　集客はアナログでは求人媒体、Web上では求人情報サイトと検索広告を活用して行います。特に地域に密着した事業となることから、足元の広告活動には力を入れることが大切です。求人誌や求人媒体への出稿のほか、折込チラシやポスティング等、現在展開している地域で有効な手段を模索していくことになるでしょう。

　また、ショッピングモールへ出店している事例を冒頭で紹介しましたが、これも視認性を高めて集客力を高めるということが目的の1つであるため、広告の一環と考えてよいでしょう。

　人材確保は介護業界にとっても大きな課題であることから、アプローチには相応のコストがかかるという点は注意が必要です。ただ、その分、成功させたときのプラスも大きなものとなります。介護事業者が、保険外事業として新しい収益の柱を確保できるというだけでなく、多くの人材と接する機会が増えることで、自社での人材登用のチャンスも増えることにつながるからです。

　地域の介護人材を発掘するための、いわばハブのような形になることを意識しましょう。地域密着の人材紹介業では広告費をかけて人材を集めます。顕在的な求職者はもちろん、潜在的な介護人材へもアプローチを行います。その一環で、研修事業も手掛けることで、未経験者の資格取得や、介護職員のキャリアアップのサポートも行います。その先ではさらに、働きたい形を実現できる職場とのマッチングをサポートします。

　地域の人材の発掘に投資を行いながらビジネスとしての安定を図り、そして自社のニーズと合致した求職者がいた場合は、優先的にアプローチをすることができる、それが介護業界に特化した人材紹介サービスの特長といえます。人材や顧客となる介護事業者と真剣に向き合うことが、それを成功させるためのポイントであるといえるでしょう。

介護保険外サービスの成功事例 **5**
03 介護業界に特化した人材紹介サービス

大手人材紹介と介護事業者が行う地域密着型人材紹介の違い

	大手人材紹介	介護事業者が行う 地域密着型人材紹介
求人方法	インターネット広告	地域の求人媒体・広告 紹介会社窓口 / インターネット広告
エージェント	任意の担当エージェント	地域で活動してきた介護職経験者
施設への営業	求職者情報の FAX 担当者による営業	顔見知りの施設へ直接営業
特長	資本力がある 求人力が高く案件数が多い	エージェントが求職者・施設との距離が近くより手厚くサポートできる ミスマッチを起こしにくい

●成功のポイント

- ・初期投資が抑えて始めることが可能
- ・業界知識や業務スキルのリソースを活かせる
- ・法改正等への対応経験を活かせる

04 介護保険外サービスの成功事例

介護事業者が成功するために必要なことは？

介護事業者が介護保険外サービスで成功するためには何に留意すればよいのでしょうか？　介護事業者が新規に参入するという視点から本章で紹介した事例も踏まえ、そのポイントを解説します。

◆ 新規参入のメリット

　　介護保険外サービスは自由な値付けが可能であり指定基準等の定めもありません。単価が決められている介護保険サービスに比べても、拡大するマーケットの恵みを享受しやすい業態であるといえるでしょう。その一方で、社会資源的な側面を持つ介護保険サービスに比べ認知度は低い状況です。新規に立ち上げる場合は、マーケティングコストが想定よりもかかる恐れもあります。

　　単体でも成立するビジネスモデルもありますが、介護保険サービスとハイブリッドで運営することで、顧客やスタッフについて高いシナジーが期待できます。特に売上が頭打ちになっている事業所は、多店舗展開に加えて、介護保険外サービスの新規開発も事業拡大の選択肢となるのではないでしょうか。

◆ 介護保険事業と異なる点

　　介護保険の事業所と比較して、利用者の数は絶対的に少ないです。そのため対象エリアはより広範囲になり、関係機関への訪問、FAX、DM、地域紙への広告掲載等、営業や広報活動に様々な工夫が必要になります。その上で 関係機関に対するオンライン説明会、当事者会、地域セミナーなどの開催を通じて、介護保険外サービスの啓蒙を行いつつ、改めて関係性を強化していくことも大切です。実際、本章で紹介した筆者の経営する「脳梗塞リハビリテーション・グループ」は、当初、期待していた反応を得られなかったものの、セミナーの開催など地道な努力を継続した結果、関係機関からの紹介も増え顧客を伸ばすことができました。

さらに介護保険のサービスと異なり、売上の安定化にコストがかかることも注意が必要となります。利用料金の未収や中途解約によるリスクも生じます。民間サービスとしての契約書をしっかりと作りこんだほうがよいでしょう。契約書の雛形はネットから入手できるものもありますが、弁護士にチェックしてもらったほうが確実かもしれません。

事業モデルと損益の目安

専任の担当者を置いて新たな収益の柱を作るという考えで取り組むとなると、少なくとも月100万円以上の売上は必要になってきます(概ね損益分岐のラインかそのやや上と考える)。その際に忘れてはならないのは、広告宣伝費は介護保険事業よりも確実に高額になることです。サービスの存在を認知してもらうためには、費用をかけて広告宣伝に注力しなければなりません。試算段階でしっかりとその分の予算を組んでおきましょう。

概ね月間の売上が200万円を超えるあたりから安定した収益化を見込めます。介護保険と異なり、制約や価格設定の上限もないため、リソースと集客が許す限り利益を伸ばすことができます。本章で紹介した老人ホーム紹介サービスにつなげるための片づけ・整理サービスのようなフロントエンドとして期待するものや、既存サービスのリソースを活用したハイブリッド型として提供する場合は、初期コストや運営コストを抑えることも可能です。まずは既存事業の付加サービスとしてスモールスタートし、成果を見ながら徐々に投資を増やしていくという形をお勧めします。

介護事業者が持つ強み

　ネットワークと人的資源が存在するのは大きな強みです。市場が未開拓なら初期の段階でマーケティングコストをかければスタートダッシュも期待できます。また介護保険のサービスと異なり、自由度が高いため、顧客の具体的なニーズに応えることで顧客満足度の向上とリピート利用を促進するような施策（商品の追加、複数回プランや定期プランの購入による割引、契約継続への特典等）が大切です。

　その一方で、介護事業以上のサービスが求められます。既存の介護人材等に対してはさらなるサービス意識の付与も必要となります。特に、介護保険サービスの場合、保険内では利用できないサービスが一部あるなど、「これ以上はやってはいけないこと」がありました。保険外サービスではそういった制約はなく、サービスの価格やモデルによって自由に判断することが可能になりますが、介護保険サービスの習慣から、自ら制限をかけてしまってせっかくの保険外サービスとしての強みを上手く活用できないという人もいます。そういった意識を取り払うことも場合によっては必要になってくるでしょう。

参入する業者が増えた際に避けるべきこと

　成功した事業者が出れば、同地域内に後発で参入してくる事業者も現れるでしょう。競合が現れたあとでもサービスを選び続けてもらうためにも、人材の質の担保や独自サービスの開発など、他事業者との差別化を実現するような戦略を常に模索し続ける必要があります。またサービス業は人件費率がモデルの要となるため、安易な価格競争には走らないことが大切です。薄利多売の路線に走ると、収益が悪化して従業員に十分な待遇を与えることが難しくなります。その結果、良い人材を集められなくなり、サービスの品質も低下するという悪循環に陥ってしまいます。

介護現場運営の悩みから保険外サービスの創出へ

さくらCSホールディングス株式会社
代表取締役 兼 CEO 中元　秀昭

・介護現場運営の悩み

さくらCSホールディングスグループでは、複数の介護事業（グループホームや小規模多機能型居宅介護、サービス付き高齢者向け住宅、特別養護老人ホーム等）を運営しております。介護保険制度が日本で導入された当初から事業を開始し、20年以上が経過しましたが、介護現場を運営する中で様々な悩みがありました。特に介護人材不足の問題、紙での管理が多く生産性が低くなってしまう問題は、どの事業者も悩みを抱えている問題だと思います。

また、次回の介護報酬改定以降はマイナス改定が見込まれていることから、介護現場の運営だけで経営をしていくことは難しいという見立てがあります。

これらの解決をするうえで、保険外サービスが重要になります。介護事業は規模の拡大を図っていくだけでは公定価格で決まるサービスの為、外部環境要因に経営が左右され安定しません。収益の安定化やサービスの多様化を図るため、介護事業者は保険外サービスについて積極的にアプローチしていく必要があります。弊社が介護事業所を運営する中で抱えていた悩みの解決の為に創出した保険外サービスについて紹介します。

・運営上の悩みから新たな保険外サービスの創出へ

介護現場での経験や気づきは、新たなサービスを生み出す貴重な情報源です。日々の業務の中で直面する課題や利用者からのフィードバックをもとに、現場のニーズに応じたサービスを提供することが重要です。以下に、現場で得た気づきを基に弊社が生み出した具体的なサービス事例を紹介します。

サービス名：介護のスキマバイトアプリ「もん助」
解決課題：介護人材不足

　「もん助」は、1日単位で就業可能なワークシェアリングサービスです。人手が必要な介護事業所と未就業の有資格者、副業やワーケーションを兼ねて働きたい人をモバイルアプリ上でマッチングします。派遣や紹介と異なり、サービス利用料日当の30％のみで、働きたい人がマッチングした就業場所を気に入れば、そのまま手数料無料で直接雇用も可能です。大手マスメディアのHBC（北海道放送）との共同で実施している事業であり、テレビを使った広告を用いて、介護事業所と働きたい人にアプローチをしております。新しい時代にあった新しい働き方を提案することで、介護事業所の人材不足の解決を目指します。

サービス名：介護記録ソフト「Care Viewer」
解決課題：紙での管理が多く生産性が低い

　Care Viewerは、介護事業所の中に存在する書類を電子化するサービスです。介護記録の電子化をメインに、介護計画や議事録、行政提出書類等、介護現場でどうしても紙で残っている管理が必須な書類を電子化することが可能です。

　介護ソフト業界は請求ソフトの導入がメインになりますが、それだけでは介護現場の生産性は上がりません。介護職員全員が必ず行う記録をモバイルアプリやPCでシンプルに入力／保存／検索できるようにすることで、紙で管理していた時よりもそれぞれにかかる時間が短縮されます。

　高齢の職員や外国人といった方々にも安心して使っていただけるよう弊社の介護事業所での声をヒアリングしながら、シンプルに誰でも使えるものにしております。

紙で管理すると仕事の質の標準化が難しくなります。記録を電子化することで、決まったフォーマットから入力／保存／検索が出来るようになるため、仕事の質が標準化されます。今後の方向性として、介護記録をデータ化することにより得たビックデータをＡＩ解析することにより、健康状態の逸脱に関わるアラート通知や、介護計画の自動生成を行い、仕事の質の標準化、そして生産性の向上を目指します。

・新たな保険外サービスの創出方法

　介護現場運営の悩みから新たな保険外サービスを生み出すことにハードルの高さを感じるかもしれません。

　ただし、イノベーションは、既存のサービスと既存のサービスを重ね合わせることによって生み出すことが出来ます。悩みを解決する為に、市場にある既存サービスや手元リソースのサービスを重ね合わせることで生まれたアイデアを是非カタチにするところから一歩踏み出してみてください。

・執筆者情報

さくらCSホールディングス株式会社
代表取締役 兼 CEO
中元 秀昭 (なかもと ひであき)

　大手セキュリティ会社の営業責任者を経て、会社を設立。小樽商科大学大学院アントレプレナーシップ専攻MBA(経営管理修士)取得。

　現在 国立大学法人北海道国立大学機構小樽商科大学 特認教授 拝命、厚生労働省老人保健健康増進等事業 検討会委員、北海道Society5.0推進会議委員、全国介護事業者連盟 外国人材活用推進検討部会長に就任。

⑥ 介護保険外サービスを もっと成功させるには

　介護保険外のサービスは、保険制度では補えないニーズが確実に存在
しているものの、まったく新しいサービスであり、実際に運営するとなれ
ば多くの課題に直面することが予想されます。筆者のコンサルタントとし
ての視点や介護保険外サービスの運営者としての視点から、課題解決の
ヒントを解説します。

介護保険外サービスをもっと成功させるには

思ったより利益が出ていない

思うような利益が出ない場合は、価格設定のコスト管理、マーケットの見直しなどが必要です。

Q 事業を始めて1年が経過しました。地域での認知度は向上し、サービス自体は地域に知れ渡っているように思います。しかしながら計画したような利益が出ていません。どのような原因と解決策がありますか?

◇ 価格設定が不適切

　適切な価格設定がなされていないことが利益が出ない原因となっている可能性があります。料金が高すぎて利用されないケースや、反対に安すぎて利益が出ないケースが考えられます。また、価格が適正でも、見込み客にその価値が十分に伝わっていないことも考えられます。

　市場調査、アンケート調査、ヒアリング調査などを行い、ビジネスモデル全体を考慮した上で、かつ顧客が適正な水準であると感じる価格に再設定する必要があります。また、サービスの価値が価格に見合ったものであるということを顧客にしっかり伝えるため、ホームページやパンフレット等のマーケティング分野の強化も図るようにしましょう。例えば、複数のサービスを組み合わせたお得なパッケージを提供するなど、価格に対する顧客満足度を高める方法を検討することにより、価格設定と利益のバランスを最適化することができます。

◇ コスト管理が不十分

　コストについて確認することも大切です。例えば、保険外の自費リハビリ施設であれば、施設運営やスタッフの給与、リハビリ機器の購入など、運営にかかる費用が予想以上に膨らんでいる可能性があります。このようなコストが増えすぎると、利益が減ってしまいます。特に、無駄な支出や効率の悪い運営が続くと、事業の継続に大きな影響を与えることも考えられます。

まず、どの部分でお金がかかりすぎているかを詳細に分類し、無駄を見直すことで、運営効率の向上を目指しましょう。例えば、人件費の最適化や、使われていない設備の整理、エネルギーコストの削減などが考えられます。いまある状態が当たり前とせず定期的にコストを見直し、運営の無駄を減らしていくことで、利益を確保するためのコストの適正化を図っていきます。

コストの適正化で見直すべきこと

・人件費が高すぎないか?
・新規機器等の購入コストがかかりすぎていないか?
・使われていない設備は整理できないか?
・エネルギーコストがかかりすぎていないか?

◇ 顧客のリピート率が低い

初めて利用する顧客はいるものの、その後の長期利用に結びつく顧客が少ないため、利益が伸び悩んでいる可能性があります。顧客がサービスに満足していなかったり、リピート利用を促す仕組みが整っていなかったりすることが原因になります。特に、サービスの質や提供する価値が期待に応えられるものでない場合、当然ながらリピートや継続利用はされにくくなります。

顧客が何度も利用したり、継続したりすることで特典を得られる会員制度を整備することも一案です。また、サービス利用後の顧客に対するフォローアップを充実させ、再度利用したいと思ってもらえるようにすることも大切です。

そのためには定期的にアンケート調査を行い、サービスの改善点を把握し、実際に改善していくことで、顧客にとって魅力的なサービスへと継続的にブラッシュアップしていくことが重要です。常に顧客のニーズの変化に気を配り、それに最適化したサービスの提供を目指すことで、継続的な利用を促進しましょう。

◆ ターゲットマーケットの誤り

　サービスが地域で広まりつつあるにもかかわらず、利益が出ない理由としては、実際のターゲットとなる顧客層とサービスが合っていないことが考えられます。サービスを必要としている人々に、十分にアプローチできていない可能性もあります。この場合、ターゲットを見直し、その顧客層に合ったマーケティングやサービスを提供することが必要となります。

　まず、サービスの理想的な顧客像を徹底的に確認し、利用者に話を聞くなど、「なぜ利用してくれているか」「継続してくれているか」を明らかにしましょう。そして、ターゲットとなる顧客層を再設定し、アプローチ戦略を修正しましょう。広告媒体や広告における表現を見直し、ターゲットとなる顧客層に響く内容に調整します。また、サービスの提供方法や内容も、ターゲットに合ったものにすることで、効果的にアプローチすることを目指しましょう。

◆ 競合他社の影響

　同じ地域に競合他社がある場合、顧客がそちらに流れている可能性があります。特に、価格やサービス内容、付加価値で競合に負けている場合、顧客を引き寄せるのが難しくなります。

　この場合、競合他社のサービスや価格を調査した上で、改めて自社の強みを活かした差別化戦略を検討することが必要です。競合他社が提供していない独自のメニューやサービスの開発などにより、他社との差別化を図りましょう。また、初回無料特典などまずは一度選んでもらう工夫も必要でしょう。地域のニーズに応じたサービス改善を行い、競合他社に対して優位に立てるようにします。まだまだ提供できるサービスはあるはずです。

　なお、他にも、顧客の期待と現実のサービスにギャップがある場合、スタッフのスキルやサービスの品質が安定せず不満を持たれている場合なども考えられます。

介護保険外サービスをもっと成功させるには

顧客がなかなか増えない

顧客が増えない場合は、顧客へのアプローチの強化や地域での認知度向上、サービスに関する情報発信などが必要です。

> **Q** サービスの提供を開始しましたが、当初の計画に反して顧客がなかなか増えません。保険外のサービスの場合、どのように顧客に認知していただき、利用してもらえるようになりますか？

◆ ターゲット層へのアプローチ不足

　サービスの提供を開始したものの、顧客がなかなか増えない原因の1つとして、ターゲットとなる顧客層へのアプローチが不足している場合があります。特に、介護保険外のサービスは、通常の介護保険適用サービスよりも必要性や利点が十分に認知されにくく、顧客にその価値を伝えるのが難しいという課題があります。

　サービスを必要とする顧客層を明確にし、その層に焦点を当てたマーケティングを強化することが重要です。第5章でも述べたように、ケアマネジャー、地域紙、SNS等によるアプローチを検討する必要があります。ターゲット層に合わせたメッセージを作成し、チラシやパンフレット、オンライン広告を通じて、彼らが関心を持つメディアや場所で情報を発信します。また、情報を得た顧客が「自身の問題を解決できる」と感じるようなより個別具体的なサービスの利用事例を提示することも効果的です。

◆ 地域での認知不足

　地域においてサービスの存在が十分に認知されていないことも、顧客が増えない原因となります。特に、新しいサービスや保険外のサービスは、地域社会で広く知られるまでに時間がかかることが多く、通常の広告手法だけでは効果が限定的になることがあります。地域の住民がサービスの存在やその利点を知らないと、利用者の増加は見込めません。

改善策としては、地域に密着したマーケティング活動を強化することが必要です。地元の新聞、地域紙、フリーペーパー、SNS等の広告を通じて地元の住民にサービスの認知を広げるほかに、地域の健康フェア、お祭りやイベントに参加したり、独自に健康セミナーを開催して、地域の住民と直接交流する機会を増やすことも効果的です。

脳梗塞リハビリステーション・グループの Instagram

Supported by AYA

◆ サービスの価値が十分に伝わっていない

　顧客が増えない原因として、サービスの価値や利点が十分に顧客に伝わっていない可能性もあります。前述のように、介護保険外サービスはその価値をしっかりと伝えないと、顧客が「必要性」を感じられず、利用をためらうことがあります。特に、価格とサービスの内容が釣り合っていないと感じられる場合、利用者が増えにくくなります。

　サービスの価値を顧客にしっかりと伝えるためのマーケティングメッセージを見直し、強化することが重要です。具体的には、サービスを受けた人の成功事例や体験談を紹介することで、実際に得られる効果を顧客に理解してもらうよう努めます。

介護保険外サービスをもっと成功させるには **6**
02 顧客がなかなか増えない

　また、初回利用者向けに無料相談やお試しサービスを提供し、実際にサービスを体験してもらうことで、価値を感じてもらえる機会を増やします。サービスの効果を具体的に示すことができれば、利用者の増加につながるでしょう。

　5章でも紹介したように、著者が経営する保険外の自費リハビリサービスである「脳梗塞リハビリステーション・グループ」では、3回までの体験は割引価格で提供し、気軽にサービスを体験してもらえる工夫をほどこしています。

価格表の例：脳梗塞リハビリステーション・グループより

特別体験プログラム 体験プログラムは3回までお受けいただけます。2回目3回目はそれぞれ11,000円となります。		
初回問診	実施時間・費用	（1回90分） **5,500円**
身体リハビリ体験		
カウンセリング （脳梗塞リハビリステーション アセスメントシート）		

◆ 口コミや紹介の不足

　口コミや紹介も顧客を増やすためには重要です。特に介護保険外サービスの場合、介護保険内サービスと比較しても利用を開始するための心理的障壁が非常に高くなります。そのため、信頼性が非常に重要な要素となり、既存の顧客からの口コミや紹介が集客に大きな影響を与えます。反面、そういった人づての評判が広がらないと、新規の顧客の獲得が難しくなります。

　成功事例や顧客の声を集めて、Webサイトやパンフレットで広く紹介し、新規の顧客に安心感を抱いてもらえるような工夫も有効です。

　サービスの満足度が高ければ自然と口コミが広がるようになりますが、それを促進するための仕組みを導入することで、口コミの効果を最大限に引き出すことが可能です。

　また、上記に加え、アフターケアが不足しており、不満につながっていることもあります。根気よく問題点を見つけて解決していきましょう。

03 従業員への浸透が難しい

介護保険外サービスをもっと成功させるには

従業員に新しいサービスや事業を浸透させるためには、従業員教育の見直しとともにモチベーション維持のための対応が必要になります。

Q これまでは介護保険内サービスで働いていたスタッフに介護保険外サービスを担当してもらうことになったのですが、なかなか意義を理解してもらえません。「何で自費でやる必要があるの?」「保険内のサービスと違って10割負担になるので、価格が高いのでは?」と考えるスタッフもいるようです。

◇ スタッフの理解不足

　介護保険外サービスに従事するスタッフが、その価値や必要性を十分に理解していない場合があります。特に、介護保険内サービスに比べて顧客の金銭的負担が大きいことから「なぜ自費で提供する必要があるのか?」と疑問を抱く人もいるでしょう。このような理解不足は、サービス提供に対するスタッフのモチベーションや顧客へのサービス説明の品質にも影響し、結果的にサービスの成功に支障をきたすことがあります。

　このような場合、スタッフに対して保険外サービスの価値や必要性をしっかりと伝える教育を行うことが重要です。まず、保険外サービスを提供するメリットや、保険内サービスでは対応できないニーズにどう応えているかを具体的に説明します。例えば、より長時間のリハビリや個別にカスタマイズされたケアの重要性、または最新技術や専門知識を活用したサービスの価値を理解してもらいます。

　さらに、実際の顧客の成功事例やフィードバックを共有することで、サービスが顧客にどのように役立っているかを具体的に示し、スタッフの理解と納得を促進します。このような教育を通じて、スタッフが自信を持ってサービスを提供できるようにすることで、顧客への対応力も向上します。

介護保険外サービスをもっと成功させるには **6**
⑬従業員への浸透が難しい

◆ 価格に対する抵抗感

　介護保険外サービスは10割負担で提供されるため、その価格が高いと感じるスタッフも多いでしょう。特に、保険内サービスと比較して「高価すぎる」と感じると、スタッフ自身がサービスを提供することに躊躇する場合があります。このような抵抗感は、顧客とのコミュニケーションに影響を与え、サービスの魅力を十分に伝えられない結果となってしまいます。

　価格に対する価値をスタッフに理解してもらうために、価格設定の根拠やサービスの付加価値について詳細に説明します。例えば、保険外サービスが提供する特別な技術や専門的なケア、個別対応の重要性など、サービスの内容が価格に見合ったものであるということをしっかりと理解してもらいます。また、他の保険外サービスや市場における類似サービスとの比較を通じて、価格も適正であることを示します。さらに、価格が高いことのメリット、つまり高品質なケアや特別な対応が可能である点を強調し、それが顧客にとってどれだけ価値があるかをスタッフに理解してもらいます。サービスの価値の高さを知ることを通じてスタッフが価格に自信を持つことができるようになれば、顧客に対して積極的にサービスを提案できるようになるでしょう。

◆ 保険内サービスとの混同

　スタッフが介護保険内サービスと介護保険外サービスを混同しているため、それぞれの違いや特徴を十分に理解していないことも考えられます。保険内サービスに慣れていて保険外サービスの価値を正しく認識できないために、サービス提供時に自信を持てず、顧客に対して適切な説明ができないということもあります。

　保険内サービスと保険外サービスの違いを明確に理解させるためには、両者の特性を比較した研修を実施することが一案です。この研修では、保険外サービスが提供する追加価値や保険内サービスでカバーできないニーズへの対応を具体的に示します。また、シミュレーションやロールプレイを活用して、保険外サービスの提供シナリオを実践的に学ぶ機会を設けることも有効です。スタッフが両者の違いを理解し、保険外サービスの独自性を伝えられるようにすることで、顧客にもよりサービスの価値が伝わりやすくなります。

顧客の視点を理解できていない

スタッフが顧客の立場や視点を十分に理解できていない場合、顧客が介護保険外サービスを利用する理由や価値を伝えることが難しくなります。特に、顧客がなぜ自費でサービスを利用するのか、その背景やニーズを理解していないと、説得力のある提案ができません。

スタッフが顧客の視点に立って考えられるよう、顧客インサイトの理解を深めるための研修を行います。顧客がサービスを利用する理由や、保険内サービスでは満たされないニーズについてケーススタディを通じて学ぶことで、実際の顧客の課題をよりよく理解できるようにします。

また、顧客とのコミュニケーションの場を増やし、直接のフィードバックを収集することで、現場の声をスタッフがより深く理解できるようにします。このように、顧客の視点を取り入れることで、より効果的なサービス提供が可能になります。

介護保険外サービスに関する研修の例

・保険外サービスと保険内サービスの特性の比較
・保険外サービス提供のロールプレイ
・顧客がサービスを利用する理由の周知
・保険内サービスでは満たされないニーズの周知

スタッフのモチベーションの低下

新しい保険外サービスに対する理解が不十分なまま、業務に従事することが続くと、スタッフのモチベーションが低下することがあります。特に、自分が提供するサービスに対して自信が持てない場合、業務に対する意欲が減少し、結果的に顧客対応の質が低下するリスクがあります。

スタッフのモチベーションを高めるためには、成功事例や顧客からのポジティブなフィードバックを定期的に共有することが必要です。これにより、自分たちの仕事が顧客にどのように役立っているかを実感させ、自信を持たせることができます。また、6-4でも触れますが、報奨やインセンティブを与えることで、業務に対する意欲を向上させます。さらに、可能であればより専門的な資格、知識の取得を推進するような制度を設け、スタッフが自己の成長を感じられるような継続的なスキルアップの機会を提供することも有効です。モチベーションの維持と向上を図ることができれば、サービスの品質の向上にもつながり、地域での差別化にもつながることが期待できるでしょう。

◆ 成功事例視察とお客様の声

成功している類似サービスを視察したり、他の担当者と意見交換を行うことは、スタッフの研修に非常に効果的です。実際に保険外サービスがどのように提供されているかを目の当たりにすることで、その意義や価値について納得しやすくなります。また、担当者同士が保険内サービスとの違いや、保険外サービスならではの強みについて話し合うことで、理解が深まるでしょう。視察の際、お客様と直接コミュニケーションを取る機会があれば、サービスの必要性や成果を具体的に知ることができ、スタッフの保険外サービスへの関心も一層高まると考えられます。視察先はインターネットでの検索の他に、検討しているサービスで導入予定の機器のメーカー・代理店等へ相談する方法もあります。

04 介護保険外サービスをもっと成功させるには

従業員の管理が難しい

従業員管理にあたっては、評価基準の確立やロールプレイによるスキルアップ、報奨制度の充実などが求められます。

Q 介護保険の事業を長く実施してきました。保険外サービスを開始するにあたり、介護保険内サービスとの違いも多く、教育や評価などのマネジメントの課題を感じています。どのような視点で取り組んだら良いでしょうか?

◆ スタッフの教育・理解不足

6-3でも述べましたが、介護保険サービスと保険外サービスは異なる特性を持つため、スタッフにその違いを理解してもらう教育を行うことが大切です。特に、保険内サービスに慣れているスタッフが新しい保険外サービスの価値や提供方法を十分に理解していないと、サービスの品質や顧客満足度に影響を及ぼします。保険外サービス独自の制限や自由度の高さへの理解も重要になるでしょう。

具体的な対応としては、保険内サービスとの違いや、保険外サービスが顧客に提供する付加価値を理解するための研修や教育の実施、実際の利用事例や顧客のフィードバックを共有することで、スタッフが新しいサービスの意義を実感しやすくします。また、法的な規制など、保険外サービス特有のルールについてもきちんと理解してもらう必要があります。

◆ 評価基準の不確立

介護保険サービスと保険外サービスでは、効果や顧客満足度を評価する基準が異なることが多いです。この違いを理解せずに、従来の評価基準をそのまま適用してしまうと、保険外サービスの本当の価値や成果を正しく評価できない可能性があります。これにより、サービス改善の機会が失われる、誤った方向に進んでしまうリスクが生じます。

介護保険外サービスをもっと成功させるには **6**

⑭ 従業員の管理が難しい

保険外サービスに特化した評価基準を新たに設定し、その基準に基づいて定期的にサービスの成果を評価する体制を構築します。例えば、売上、顧客満足度、リピート率、新サービスの開発など保険外サービスの特性に合った指標を設定し、それをもとにサービスの品質や効果を測定します。また、これらの評価基準をスタッフと共有し、全員が同じ目標に向かって取り組むことで、評価の透明性と公平性を高めるとよいでしょう。

◆ スタッフの柔軟性向上

介護保険外サービスは、顧客の個別ニーズに合わせた柔軟な対応が求められます。しかし、介護保険サービスに慣れているスタッフは、やや画一的なサービス提供に慣れており、柔軟に対応することが難しい場合があります。これが原因で、サービスの質や顧客満足度が低下するリスクがあります。

そこで、柔軟なサービス提供を促進するために、スタッフ向けにこれまでの事例、ケーススタディやロールプレイを用いて、様々な顧客のニーズに対応するシナリオを実践的に学習することも有効でしょう。

また、スタッフが現場で迅速に判断できる一定の権限を与えることも一考です。この権限を導入するには、判断力や問題解決スキルを高めるためのトレーニングを実施し、スタッフが自信を持って柔軟に対応できる環境を整えることが必要になります。

◆ インセンティブ制度の導入

介護保険外サービスを担当するスタッフが業務の移行に伴い、新しい業務に対する不安や抵抗感から、モチベーションを低下させてしまうことがあります。こういった状況は、業務の効率やサービスの質の低下につながってしまいます。また、契約が保険内サービスに比べて圧倒的に難しいという保険外サービスの特性から「1～3割の負担である介護保険内の部門には大変さが理解されない」と悩むケースもあります。

スタッフのモチベーションを高めるためには、達成可能な目標を設定し、それに対するインセンティブ制度を導入するのがよいでしょう。このインセンティブ制度における最も重要な指標はもちろん売上（利益）ですが、顧客満足度の向上やサービス利用者の増加など、具体的な業績指標を達成したスタッフに報酬を与える仕組みも効果的です。

また、定期的に「スタッフ表彰プログラム」を実施し、優秀なスタッフを表彰することで、業務に対する意欲を高めることも有効です。さらに、自己成長を促進するために、継続的なスキルアップ研修を行うことやキャリアパスを明確に示すことも重要です。スタッフが自分の成長を感じられる環境を提供しましょう。

他にも地域外のエリアで同様なサービスを展開している企業があれば、意見交換することで新たな視点を得て、それが新サービスやモチベーションにつながるということもあります。

スタッフのモチベーションを高める取り組みの例

・達成可能な目標に対するインセンティブ制度
・優秀なスタッフを表彰する「スタッフ表彰プログラム」
・継続的なスキルアップ研修
・キャリアパスの明示

介護保険外サービスをもっと成功させるには
人材採用が難しい

介護保険外のサービスの採用活動では、一般的な介護保険サービスの採用とは異なるポイントを押さえることが重要です。

Q 介護保険外サービスを新たに始めるにあたり、新規スタッフを採用したいと考えているのですが、なかなか人が集まらず苦労しています。採用活動で押さえるべきポイントはありますか？

◆ ターゲット人材の明確化

　介護保険外サービスに求められるスキルや経験は、保険内サービスと異なります。個別対応や柔軟なサービス提供のスキルがより求められることから、問題解決能力や高いコミュニケーションスキルを持つ人材が適しています。事前に求める人材を明確にし、求人広告や面接でその適性を重視することが大切です。

　また、保険外サービスは新しい分野であり、当初の想定どおりにうまくいかないことも多く、学び続ける姿勢が求められます。求められる素養が複数あるという、ややハードルが高くなるような条件を敢えて伝える必要があります。

◆ 魅力的な求人広告の作成

　保険外サービスは新しい分野であり、求職者にとっても未知の部分が多いでしょう。そのため、求人広告で職務内容やサービスの価値を明確に伝えることが重要です。特に、一般的な介護職と比べてのやりがいや、キャリアパスの可能性、専門的なスキルを身につけられる点などを強調することで、応募者の関心を引きやすくなります。また、サービスによっては、副業人材での採用や、フレックスタイム、リモートワークでの勤務など柔軟な勤務条件の提示を行うことも可能です。こういった柔軟性も、保険外サービスならではといえるでしょう。

06 介護保険外サービスをもっと成功させるには

ケアマネジャーへの周知が難しい

ケアマネジャーへの周知にあたっては、定期的な勉強会やセミナーの開催、ケアマネジャーの会合での事例の共有などが効果的です。

Q 介護保険外サービスは10割が自己負担ということもあり、ケアマネジャーがなかなか紹介してくれません。そもそも居宅介護支援事業所のケアマネジャーへどのように周知を進めていけばよいでしょうか。

◇ サービスの具体的なメリットの説明と体験

　まずは、ケアマネジャーに介護保険外サービスが提供する具体的なメリットや介護保険内サービスとの補完関係を理解してもらうことが重要です。例えば、保険外サービスでしか提供できない専門的なリハビリや、サービス提供時間の自由な設定等の利点、それに対する利用者の声や事例などを紹介することで、その価値を伝えます。保険外サービスも地域の資源であり、利用者のための選択肢の1つであることを説明すれば、介護保険外サービスの価値を前向きに理解してもらえるでしょう。

　具体的な方法としては、定期的な勉強会やセミナーを開催し、ケアマネジャーがサービスの効果を実際に体験できる機会を提供します。サービスの価値を実際に感じてもらうことで、ケアマネジャーも安心して紹介できるようになります。また、パンフレットや動画などを活用して、サービスの利用機会や存在価値を紹介することなどが考えられます。「紹介した場合には初回体験プログラムをさらに割引できる」などのインセンティブを設定することで、紹介しやすい環境を整えることも一案になります。

◇ 顧客の声や成果を積極的に届ける

　他にも、自社のサービスに対する顧客の声をまとめて、地域の会合などケアマネジャー同士のネットワークを通じて広めてもらうという方法があります。特に、成功事例がある場合には、それを積極的に共有してもらうことで、信

介護保険外サービスをもっと成功させるには
06 ケアマネジャーへの周知が難しい

頼性が高まるでしょう。

　具体的には、サービスを利用した顧客からのフィードバックや成功事例をA4やA3程度の資料に取りまとめ、ケアマネジャーのネットワークを通じて共有するとよいでしょう。

セミナーの案内の例

07 介護保険外サービスをもっと成功させるには

利用者からのクレームは
どのように防げばいいか

クレーム防止のためには、事前の十分なリスク説明や保険等への加入、アフターケアの充実などが必要です。

Q 保険外のサービスは10割の負担であることからもクレームには慎重に対応したいです。どのような点に気を付けたらよいでしょうか。

◆ リスクを十分に説明する

　介護保険外サービスは全額自己負担であるため、基本的に顧客はサービスに対して高い期待を持っています。そのため、サービスのリスクや限界が事前に十分に説明されていないと、期待とのギャップからクレームが発生する可能性が高くなります。特に、リスクについての理解が不十分なまま契約が進んだ場合や顧客が予期しない結果となってしまった場合、強い不満を抱くことがあります。

　そこで、事前にリスクについてしっかりと説明し、顧客に理解してもらうことが重要です。リスク説明は口頭だけでなく、書面で詳細に行い、顧客からの質問には丁寧に回答しましょう。説明後、書面には顧客の署名をもらいます。このようにリスクに関する理解を確認するプロセスをしっかりと導入しましょう。また、メリットや成果については誇張せず、リスクも含めて実際に起こりうる可能性について具体的に説明することが必要です。これにより、顧客との間に信頼を築き、後々のトラブルを防ぐことができます。

◆ 保険等のサービスの加入を検討する

　介護保険外サービスの提供中に、予期せぬ事故やトラブルが発生した場合、適切な損害賠償責任保険に加入していないと、損害賠償の支払いが発生するなど重大な問題に発展するリスクがあります。保険が適切にカバーされていない場合、サービス提供者がすべての責任を負うこともあり、万が一のことが発生した場合の負担も大きくなります。

介護保険外サービスをもっと成功させるには
⑦利用者からのクレームはどのように防げばいいか **6**

サービス提供を開始する前には保険会社へ相談の上、サービス提供に適した損害賠償責任保険等に必ず加入し、万が一のトラブルに備えましょう。保険のカバー範囲は定期的に見直し、サービスの内容やリスクに合ったものを選択しましょう。また、顧客に対して保険に加入している旨を伝えることで、信頼感を高め、万が一の際の対応をスムーズに進めることができます。これにより、顧客とサービス提供者の双方が安心してサービスに臨める環境を作ることができます。

誇張したサービス表現を避ける

サービスの効果や特徴について誇張した表現を用いると、顧客の期待が過剰に高まり、実際の結果と期待との間にギャップが生じることでクレームが発生する可能性があります。特に、効果が保証されない部分について過度にアピールすることは、顧客を誤解させるリスクが高くなります。

サービスの説明や広告において、誇張表現を避け、事実に基づいた内容を提供することが重要です。特に、効果が保証されない部分については、その点を明確に伝え、顧客が現実的な期待を持てるようにします。さらに、サービスの限界や可能性についても誠実に説明し、顧客の理解を促します。これにより、顧客が納得の上でサービスを利用することになり、クレームの発生を未然に防ぐことができます。また、**景品表示法（不当景品類及び不当表示防止法）、薬機法（医薬品、医療機器等の品質、有効性及び安全性の確保等に関する法律）、特定商取引法、消費者契約法**等の法律のルールもありますので、リーガル上の課題を正確に把握した上で、適正な対応が必要となります。

契約書は専門家へ

サービス提供者が自ら契約書を作成した場合、契約書の内容が不十分であったり、法律的な視点が欠けていたりする可能性があります。その結果、クレームが発生した際に契約書が十分に機能せず、顧客とのトラブルが複雑化することがあります。顧客とサービス提供者の双方の権利を守るための契約書に不備があっては、信頼関係にも悪影響を与えます。

契約書は必ず弁護士に作成してもらい、法的に問題のない内容にすることが重要です。契約書には、サービスの詳細、リスク、料金、キャンセルポリシー、クレーム発生時の対応方法などを明確に記載し、双方が納得の上で署名することを徹底します。また、契約書の内容を顧客にわかりやすく説明し、不明点を解消しておくことで、トラブル発生時に契約書が有効に機能するようにします。

◇ アフターケアの不足

　保険外サービスにおいて、サービス提供後のアフターケアが不足していると、顧客が不安を感じ、クレームに発展する可能性があります。特に、高額な費用を負担している顧客にとって、サービス終了後のフォローが十分でないと、期待に反する結果となり、顧客満足度が低下するリスクがあります。

　サービス提供後のアフターケアを充実させ、顧客が安心してサービスを利用できる環境を整えます。定期的なフォローアップを行い、顧客がサービスに対して不満を抱いていないかを確認します。また、アフターケアの過程で顧客からのフィードバックを積極的に収集し、サービス改善に役立てることで、顧客満足度を高めることができます。これにより、クレームの発生を未然に防ぐと同時に、リピーターの獲得にもつながります。

リスク説明のポイント

08 事業を継続させるために必要なこと

介護保険外サービスをもっと成功させるには

新しく始めた事業を継続させるためには、モニタリングや柔軟なサービス提供、法的リスクの管理などが求められます。

Q これまで介護保険内サービスを提供してきました。保険内サービスでは、介護保険制度の改定という形で定期的に方向性が示されてきましたが、保険外サービスではそのような指針はありません。事業継続にあたりどのような点に気を付けていけばよいでしょうか。

◆ 市場動向の継続的なモニタリング

　介護保険外サービスは、介護保険制度に左右されずに運営されるため、市場の変化やトレンドを見逃すと、サービスが時代にそぐわなくなるリスクがあります。特に、高齢化の進展や新しい介護ニーズの出現への対応が遅れると、競争力を失う可能性があります。常にアンテナを立てておく必要があるでしょう。

　そのため、市場調査や顧客フィードバックを通じて、継続的に市場動向をモニタリングし、サービス内容を適宜見直すとよいでしょう。業界のトレンドや顧客のニーズを把握し、それに合わせてサービスを更新することで、顧客満足度を維持し、競争力を高めることができます。また、新しい技術や方法を取り入れ、サービスの質を向上させる継続的な努力も必要です。

　サービスの見直しや新規参入にあたっては、SWOT分析などを活用することも有効です。下記は、5章でも紹介した「脳梗塞リハビリステーション・グループ」の参入時のSWOT分析の結果です。このSWOT分析は、これまで医療・介護に特化した事業をしていた企業が、保険外のリハビリテーション事業に参入する際の分析結果の例になります。「強み」としては、これまでの経験やネットワークが活かせること、「機会」としては、保険外のリハビリのニーズが高まりそうであること、「弱み」としては、市場が確立されていないこと、「脅威」としては、制度の影響を受けることなどが、整理してあります。

SWOT 分析の結果

■ SWOT 分析をした結果

	ポジティブ	ネガティブ
内部要因	**強み：strengths** ・自社内のリハビリ職の専門知識と経験 ・介護医療業界に特化した豊富な知識とネットワーク ・介護保険に比べ保険外サービスは自由に設定できるリハビリ期間と目標	**弱み：weaknesses** ・自費リハビリ施設の市場は認知度が低い ・事業の対象が介護保険制度に依存しているため、自由度が低いサービス提供に接する経験
外部要因	**機会：opportunities** ・在院日数制限により、リハビリが必要な患者が退院を余儀なくされる ・脳卒中に特化した自費リハビリ施設の需要拡大 ・顧客の具体的なニーズに応えることで高い顧客満足度とリピート利用の促進	**脅威：Threats** ・同業他社の競争激化。特に医療機関の参入 ・医療制度や介護保険制度の変更による影響 ・独自性を出すことの難しさ

◇ 顧客ニーズに基づく柔軟なサービス提供

　　保険外サービスは、顧客の多様なニーズに応じた柔軟な対応が求められます。保険内サービスのような規制がないため、サービス内容が固定化すると、顧客ニーズに対応しきれず、顧客が減少するリスクがあります。

　　常に顧客の声を積極的に収集し、それに基づいたサービスの改善を行うことも大切です。アンケート調査や定期的なフォローアップを通じて顧客満足度を測り、サービスの改善点を特定します。また、個別のニーズに応じたカスタマイズサービスを提供することで、顧客に対する価値を高め、リピーターを増やすことが期待できます。

介護保険外サービスをもっと成功させるには **6**
⑧事業を継続させるために必要なこと

◇ 法的リスク管理の徹底

　保険外サービスは、種類によってはその業界のルールが確立している場合もありますが、法律や規制の枠組みが不明確な場合もあり、時として法的リスクが高まる可能性があります。特に、消費者保護法や景品表示法、薬機法などに違反しないよう、細心の注意を払う必要があります。そのため、サービス提供にあたっては、弁護士や法律の専門家と連携し、法的リスクを管理するとよいでしょう。契約書の作成やサービス内容の広告において、法的なチェックを受けることで、違法行為を未然に防ぐことができます。また、スタッフへの法的リスクに関する教育を強化し、全員がリスクに対する意識を持つようにします。

◇ 財務計画と収益性の確保

　保険外サービスでは、介護保険サービスのように一定のルールで入金が確約されておらず、収益の変動が大きい場合もあり、事業継続が難しくなることがあります。特に、新しいサービスを導入する際の初期投資や、顧客が思うように増えない場合に、財務的な負担が大きくなるリスクがあります。

　そのため、収益性を確保するために、綿密な財務計画を策定し、適切なコスト管理を行います。適切な帳票を独自に作成する必要もあるでしょう。また、収益性の高いサービスを優先的に展開し、リスクの高いサービスについては慎重に検討します。収益の多角化を図り、安定したキャッシュフローを維持するために、複数の収入源の確保を検討することも重要です。加えて、できるだけ前払いのサービスにすることや、未収のリスクもしっかり管理できるように普段からの顧客との関係性構築は重要となります。

信頼関係の構築と維持

　保険外サービスは、顧客との信頼関係が事業の成功に直結します。信頼が損なわれると、クレームや悪評が広がり、顧客離れを引き起こすリスクがあります。そのため、顧客とのコミュニケーションを密にし、信頼関係を築くことが不可欠です。サービスの質を維持し、誠実な対応を心掛けることで、顧客の満足度を高めます。また、万が一トラブルが発生した際には、迅速かつ適切に対応し、顧客の信頼を取り戻す努力を行います。顧客からのフィードバックを積極的に受け入れ、サービス改善に役立てることも、信頼関係の維持につながります。またこれまで述べたように、リスクの説明、誇張表現を避けること、保険や契約書などをしっかり確認することなど、関係構築のために事前にできることは行っておきましょう。

顧客のフィードバックを得る工夫

　顧客からのフィードバックは、通常、担当者が直接収集することが多いですが、顧客は直接担当者に言いづらいこともあります。そのため、運営企業が直接フィードバックを集める仕組みを整えることが大切です。例えば、定期的にインターネットを活用した顧客満足度調査を行ったり、年齢層によっては本社に郵送される往復はがきを使ったアンケートも有効です。

　特に、改善点に関しては「言い出す機会がないと、意見を言いにくい」傾向があります。このような顧客は、声を上げることなく離れてしまうことも多く、これを**サイレントマジョリティー**と言います。サイレントマジョリティーとは、サービスに対して不満を持っている可能性があっても、表立って意見を言わない多数派のことです。彼らは、積極的に意見を述べる少数派とは異なり、フィードバックの場がなければ黙ってサービスを離れることもあります。そのため、こうした声を拾い上げるためにも、定期的に顧客の声を集めるための仕組みを作り、サービス改善に役立てることが重要です。

「諦めない」を支援する保険外の自費リハビリテーション事業と改善事例について

脳梗塞リハビリステーション・グループ
脳梗塞リハビリステーション福岡
センター長　殿﨑 雄太

　現在、保険制度の見直しが定期的に行われる中で、これまでリハビリテーションの要であった回復期病院でリハビリテーションを受けることができる日数が徐々に少なくなっています。その結果、保険制度の中でリハビリテーションを必要としているが、受けることができない「リハビリ難民」が増え、全国に200万人以上いるといわれています。

　当社が展開する保険外のリハビリサービスの利用者は、現状のリハビリテーションの環境に何らかの不満を抱えて来店する方がほとんどであり、話を伺うとしっかりとした目標と向上心があります。

　ここからは、私が所属する「脳梗塞リハビリステーション・グループ」がどのような方に利用されているのか、紹介したいと思います。

　「脳梗塞リハビリステーション・グループ」では、「諦めないを支援する」を掲げ、10代以下から90代までの様々な方が通っています。最初のニーズとして、「麻痺した手足を回復させたい」という希望を持っている方が大部分を占めます。さらにより細かく伺うと、「ゴルフをしたい」「釣りに行きたい」「横断歩道でいろんな人に追い抜かれるのが悲しいので早く歩きたい」「ドライブに行きたい」と様々な希望が出てきます。

　保険下のリハビリテーションでは、医療機関での在院日数の低下によるリハビリ日数の減少に伴い、こうした今後の生活における大きな目標に向けたリハビリテーションをしづらくなっており、どうしても維持的な内容や自宅の中でどのように過ごしていくかということにフォーカスしてしまうことが多くなります。

一方で、「脳梗塞リハビリステーション・グループ」では、専門的なリハビリテーションはもちろんのこと、上記のようなお客様のニーズに対応できます。大きな目標であればあるほど、目標に対して段階的に考える必要がありますが、リハビリテーションの先に明るい目標があるのとないのでは、お客様のやる気とリハビリテーションの成果は大きく違ってくるように日々感じています。

写真に掲載している男性は、17歳のときに交通事故で脳に大きなダメージを負い、緊急手術となった方です。緊急搬送されたときは、医師・看護師より、「助かるのは難しい可能性が高い」と言われたそうです。そんな中、無事手術は成功し一命をとりとめました。次に待っていたのは厳しいリハビリテーションです。意識障害で意思の疎通が難しい中、麻痺も強い状態にあり、急性期や回復期で集中的にリハビリテーションを実施したのですが、多少の意識障害と重度の麻痺、車いすでの移動という状態で退院となってしまいました。

退院後に今後の生活を検討する中で、ご両親が「脳梗塞リハビリステーション・グループ」を見つけ、発症より1年経過したころに当店を訪れました。最初は一人で歩くのもままならず、常に誰かがついている必要がある状態での生活でしたが、「また元のような生活に戻りたい」「好きな車やバイクいじりをしたい」という目標に向かって努力をし続けました。

そこからの経過は、本人の努力とご家族の支援の賜物だと強く感じるほどに素晴らしく、週に2回のリハビリテーションと、毎日欠かさない自宅での自主トレーニングを継続してきました。

当店には公共交通機関を使用してお一人で通われています。当初の状態を考えると、私が予測しているよりもはるかに改善している状態です。発症から月日が経っても、しっかりとした量のリハビリテーションがあることで、回復の余地はまだまだあるのだということを強く感じた事例でした。全国にもこういったリハビリテーションをすることで、同様に改善できる方が、多くいると思っています。そういった方の理想の未来を創ることに我々はこれからも尽力していきたいと思います。

リハビリテーションの様子

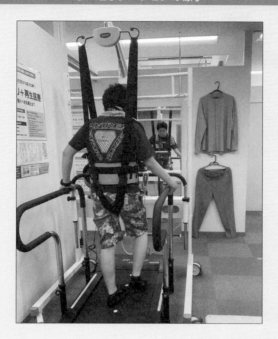

- **脳梗塞リハビリステーション・グループについて**

　株式会社スターパートナーズの運営する介護保険外の自費リハビリテーションサービス。2017年に福岡でスタートし、山形、仙台、福島、東京・杉並、東京・江戸川、東京・訪問、神戸須磨、小倉、福岡・天神、久留米、タイ王国バンコク市で展開（2024年9月現在）。国家資格を持つ経験豊富なスタッフに加え、リハビリテーション専門科医師の顧問や再生医療との連携など、徹底的な改善を目指したサービスが特徴。

Index

索引

あ行

アクションプラン2023 ・・・・・・・・・・・・・ 42
アフターケア ・・・・・・・・・・・・・・・・・・・・ 180
イノベーター理論 ・・・・・・・・・・・・・・・・ 136
医薬品、医療機器等の品質、有効性及び
　安全性の確保等に関する法律 ・・・・・ 179
インセンティブ制度 ・・・・・・・・・・・・・・・ 173
運動・介護予防 ・・・・・・・・・・・・・・・・・・ 86
遠隔共有サービス ・・・・・・・・・・・・・・・・ 95
オンライン面談 ・・・・・・・・・・・・・・・・・・ 21
オンライン会議 ・・・・・・・・・・・・・・・・・・ 21
オンラインリハビリ ・・・・・・・・・・・・・ 36,95
オンライン旅行 ・・・・・・・・・・・・・・・・ 37,95

か行

介護関連サービス事業協会 ・・・・・・・・・・ 45
外国人労働者 ・・・・・・・・・・・・・・・・・・・・ 21
介護助手 ・・・・・・・・・・・・・・・・・・・・・・・・ 21
介護職員等処遇改善加算 ・・・・・・・・・・・・ 20
介護職員の働く環境改善に向けた
　政策パッケージ ・・・・・・・・・・・・・・・・ 24
介護タクシー ・・・・・・・・・・・・・・・・・・・・ 82
介護テクノロジー利用の重点分野 ・・・・ 98
介護保険外サービス ・・・・・・・・・・・・・・・ 8
介護保険法 ・・・・・・・・・・・・・・・・・・・・・・ 8
外出支援 ・・・・・・・・・・・・・・・・・・・・・・・・ 48
買い物代行 ・・・・・・・・・・・・・・・・・・・・・・ 76
科学的介護情報システム ・・・・・・・・・・・・ 21
科学的介護推進体制加算 ・・・・・・・・・・・・ 21

家事代行 ・・・・・・・・・・・・・・・・・・・・・・・・ 48
カスタマーハラスメント ・・・・・・・・・・・ 122
肩車型社会 ・・・・・・・・・・・・・・・・・・・・・・ 27
加点法 ・・・・・・・・・・・・・・・・・・・・・・・・・ 124
カルチャースクール ・・・・・・・・・・・・・・・ 84
看護師 ・・・・・・・・・・・・・・・・・・・・・・・・・・ 49
口コミ ・・・・・・・・・・・・・・・・・・・・・・・・・ 126
区分限度支給額 ・・・・・・・・・・・・・・・・・・ 13
クレーム ・・・・・・・・・・・・・・・・・・・・・・・ 178
ケアマネジャー ・・・・・・・・・・・・ 13,34,176
軽度認知障害 ・・・・・・・・・・・・・・・・・・・・ 73
景品表示法 ・・・・・・・・・・・・・・・・・・・・・ 179
健康診断 ・・・・・・・・・・・・・・・・・・・・・・・ 121
言語聴覚士 ・・・・・・・・・・・・・・・・・・・・・・ 50
減点法 ・・・・・・・・・・・・・・・・・・・・・・・・・ 124
高齢者住まい法 ・・・・・・・・・・・・・・・・・ 142
高齢者の居住の安定確保に関する法律
　・・・・・・・・・・・・・・・・・・・・・・・・・・・・・ 142
混合介護 ・・・・・・・・・・・・・・・・・・・・・・・・ 8
コンシェルジュサービス ・・・・・・・・・・・・ 52

さ行

ザイアンス効果 ・・・・・・・・・・・・・・・・・・ 125
サイレントマジョリティー ・・・・・・・・・・ 184
作業療法士 ・・・・・・・・・・・・・・・・・・・・・・ 50
士業事務所 ・・・・・・・・・・・・・・・・・・・・・・ 51
シニアセラピー ・・・・・・・・・・・・・・・・・・ 53
自費 ・・・・・・・・・・・・・・・・・・・・・・・・・・・ 105
自費の訪問介護・看護 ・・・・・・・・・・・・・・ 49

若年性認知症 ・・・・・・・・・・・・・・・・・・・・・ 72	
車内広告・・・・・・・・・・・・・・・・・・・・・・・・・ 125	
紹介会社・・・・・・・・・・・・・・・・・・・・・・・・・・ 93	
昇給制度・・・・・・・・・・・・・・・・・・・・・・・・ 124	
常勤・・・・・・・・・・・・・・・・・・・・・・・・・・・・ 123	
消費者契約法 ・・・・・・・・・・・・・・・・・・・・ 179	
処遇改善加算 ・・・・・・・・・・・・・・・・・・・・・ 20	
職業紹介責任者・・・・・・・・・・・・・・・・・・ 150	
職業紹介責任者講習会 ・・・・・・・・・・・・ 150	
職場等環境要件 ・・・・・・・・・・・・・・・・・・・ 20	
助成金・・・・・・・・・・・・・・・・・・・・・・・・・ 120	
寝具衛生加工サービス ・・・・・・・・・・・・・ 52	
人材紹介サービス・・・・・・・・・・・・・・・ 148	
人材マッチングサイト・・・・・・・・・・・・・ 94	
人材開発支援助成金 ・・・・・・・・・・・・・ 122	
住まい・・・・・・・・・・・・・・・・・・・・・・・・・・ 79	
住まい整理 ・・・・・・・・・・・・・・・・ 139,145	
専従 ・・・・・・・・・・・・・・・・・・・・・・・・・・・ 123	

た行

タウン誌・・・・・・・・・・・・・・・・・・・・・・・・ 125	
宅配サービス ・・・・・・・・・・・・・・・・・・・・ 47	
単純接触効果 ・・・・・・・・・・・・・・・・・・・ 125	
地域包括ケアシステム ・・・・・・・・・・・・・ 10	
チェックリスト・・・・・・・・・・・・・・・・・・ 143	
定額制・・・・・・・・・・・・・・・・・・・・・・・・ 114	
転職エージェント ・・・・・・・・・・・・・・・・ 93	
凍結含浸法 ・・・・・・・・・・・・・・・・・・・・・ 47	
特定処遇改善加算・・・・・・・・・・・・・・・・ 20	
特定商取引法 ・・・・・・・・・・・・・・・・・・・ 179	
トラベルヘルパー検定 ・・・・・・・・・・・・・ 81	
トラベルヘルパーサービス ・・・・・・・・・ 53	

な行

認知症ケア ・・・・・・・・・・・・・・・・・・・・・ 72

は行

ハイサービス ・・・・・・・・・・・・・・・・・・ 121	
配食サービス ・・・・・・・・・・・・・・・・・・・ 75	
働き方改革 ・・・・・・・・・・・・・・・・・・・・・ 24	
ハローワーク ・・・・・・・・・・・・・・・・・・ 119	
ヒアリングシート ・・・・・・・・・・・・・・・ 143	
評価・・・・・・・・・・・・・・・・・・・・・・・・・・ 124	
不当景品類及び不当表示防止法 ・・・・・ 179	
ブルーオーシャン ・・・・・・・・・・・・・・・ 111	
ベースアップ等支援加算 ・・・・・・・・・・・ 20	
ペットケア・・・・・・・・・・・・・・・・・・・・・ 85	
訪問理美容 ・・・・・・・・・・・・・・・・・・・・・ 48	
保険外診療 ・・・・・・・・・・・・・・・・・・・・・ 60	
保険外サービス活用ガイドブック ・・・ 14	
保険診療・・・・・・・・・・・・・・・・・・・・・・・ 60	
募集提供事業者・・・・・・・・・・・・・・・・・・ 94	
補助金・・・・・・・・・・・・・・・・・・・・・・・・ 120	

ま行

まごチャンネル ・・・・・・・・・・・・・・・・・ 36	
学び直し・・・・・・・・・・・・・・・・・・・・・・・ 85	
看取り・・・・・・・・・・・・・・・・・・・・・・・・・ 92	
看取り介護 ・・・・・・・・・・・・・・・・・・・・・ 92	
見守りサービス ・・・・・・・・・・・・・・ 52,90	
身元保障サービス・・・・・・・・・・・・・・・・ 53	
メンタルヘルス・チェック ・・・・・・・・・ 24	

や行

薬機法・・・・・・・・・・・・・・・・・・・・・・・・ 179	
有料職業紹介許可申請・・・・・・・・・・・・ 150	
(有料) 職業紹介事業者・・・・・・・・・・・・ 93	

要介護認定 ・・・・・・・・・・・・・・・・・・・・・・・・ 8

ら行

ライフ・タイム・バリュー ・・・・・・・・・・ 11

理学療法士 ・・・・・・・・・・・・・・・・・・・・・・・ 50

リハビリテーション・機能訓練
・・・・・・・・・・・・・・・・・・・・・・・・・・・・・50,70

理容・美容 ・・・・・・・・・・・・・・・・・・・・・・・ 88

旅行・外出支援 ・・・・・・・・・・・・・・・・・・・ 81

レッドオーシャン ・・・・・・・・・・・・・・・・・ 111

老人ホームの紹介センター ・・・・・・・・・ 139

労働安全衛生法 ・・・・・・・・・・・・・・・・・・・ 121

労働法 ・・・・・・・・・・・・・・・・・・・・・・・・・・・ 121

英語

LTV ・・・・・・・・・・・・・・・・・・・・・・・・・・・・・ 11

LIFE ・・・・・・・・・・・・・・・・・・・・・・・・・・・・・ 21

MCI ・・・・・・・・・・・・・・・・・・・・・・・・・・・・・ 73

IoT ・・・・・・・・・・・・・・・・・・・・・・・・・・・・・・ 97

SWOT分析 ・・・・・・・・・ 111,112,181,182

OJT ・・・・・・・・・・・・・・・・・・・・・・・・・・・・・ 122

SNS ・・・・・・・・・・・・・・・・・・・・・・・・・・・・・ 125

LINE ・・・・・・・・・・・・・・・・・・・・・・・・・・・・・ 125

●著者紹介

齋藤 直路(さいとう なおみち)

東京都出身、幼少期を宮崎県で過ごす。(株)船井総合研究所を経て、ヘルスケア業界専門の経営支援を実施する(株)スターパートナーズを設立し、代表取締役に就任。国内外で10カ所展開する保険外のリハビリ施設「脳梗塞リハビリステーション・グループ」代表。西日本短期大学非常勤講師、国立大学法人小樽商科大学ビジネススクール「ネクストリーダーの経営学～介護ビジネスの革新的戦略～」講座講師。講演多数、有識者委員等歴任。九州大学大学院医学系学府修了(公衆衛生学修士)、日本社会事業大学大学院修了(福祉マネジメント修士)。著書に『改革・改善のための戦略デザイン 介護事業DX』『図解ポケット 30分でわかる！ 介護保険の上手な使い方』(いずれも秀和システム)など。

本文図・イラスト制作　有限会社 中央制作社

図解入門ビジネス　最新
介護保険外サービスの基本が
よくわかる本

発行日	2024年10月30日	第1版第1刷

著　者　齋藤　直路

発行者　斉藤　和邦

発行所　株式会社　秀和システム
〒135-0016
東京都江東区東陽2-4-2 新宮ビル2階
Tel 03-6264-3105(販売)　Fax 03-6264-3094

印刷所　三松堂印刷株式会社　　Printed in Japan

ISBN978-4-7980-7327-9 C0036

定価はカバーに表示してあります。
乱丁本・落丁本はお取りかえいたします。
本書に関するご質問については、ご質問の内容と住所、氏名、電話番号を明記のうえ、当社編集部宛FAXまたは書面にてお送りください。お電話によるご質問は受け付けておりませんのであらかじめご了承ください。